奈良県立大学
ユーラシア研究センター学術叢書シリーズ2
vol.4

ゾロアスター教とソグド人

奈良県立大学ユーラシア研究センター編著

2019フォーラムゾロアスター教の祭式（実演）

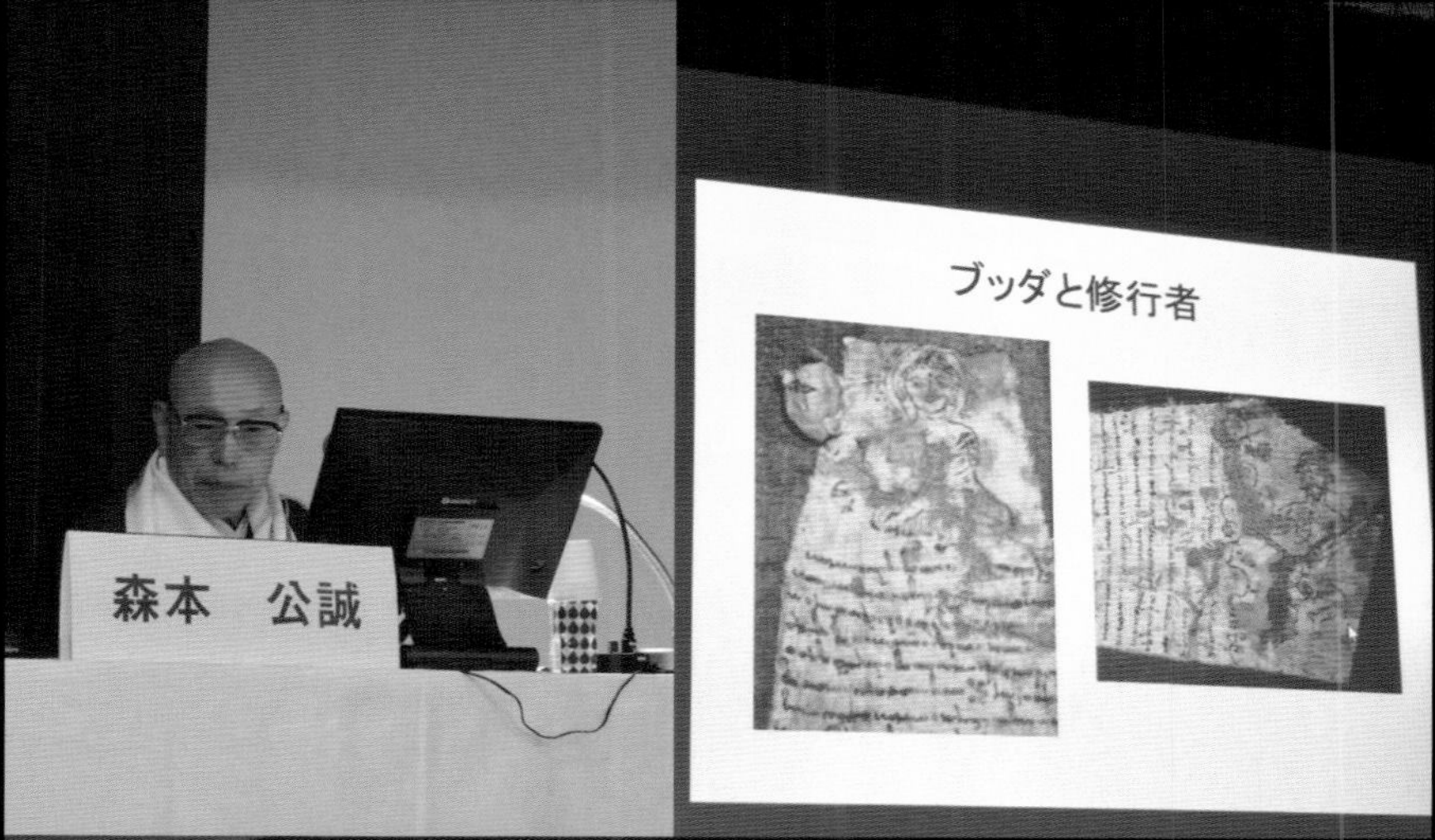

上：2019フォーラム 特別講演（東大寺長老 森本公誠）
下：　　同、参加者によるパネルディスカッション

上：密教の護摩木の組み方
下：左、護摩壇での祭式トライアル
右、拝火杯での焚木の組み方

2015フォーラム
左：ゾロアスター教の祭式（実演）
右：インド・ムンバイにおけるパールシーの生活

〈注記〉

本書の第1部は、奈良県立大学ユーラシア研究センター主催国際フォーラム（2019）での発表内容の一部書き起こしと、発表者からの寄稿とで構成されています。いずれも編集責任者がもとの英語・英文を日本文に翻訳したものです。内容は筆者個人の見解に、一部訳者の理解が含まれています。

第2部は、著者からの寄稿と既出論文の再掲で構成されています。後者の再掲にあたって部分的に割愛したところがあります。

所属・肩書きは発表等の時点のものです。

固有名詞の表記や事実関係については、基本として著者の意向を尊重しています。そのうえで、適宜著者等への問い合わせや文献調査を行いましたが、完全なものとなっていないかもしれません。読者のみなさんのご諒解を乞うとともに、ご指摘・ご教示をお待ちします。

表記及び用字は日常用いられるものを基本としています。掲載の図版等は著者からの提供によるもの、及び編集責任者が用意したものです。一部所在不詳等のため、事前連絡できていないものも含まれています。お心当たりの方は、編集責任者までご連絡ください。

（編集責任者　中島敬介）

〈目　次〉

はじめに　中島　敬介

第1部　ゾロアスター教

ゾロアスター教の基礎知識　中島　敬介　10

1．私の出会ったゾロアスター教　森本　公誠　37

2．9世紀のゾロアスター教　キヤーヌーシュ・レザーニヤー　52
　―関係文献の作成とイスラームとの相互影響―

3．サグディード考　張　小貴　60
　―ゾロアスター教の臨終儀式とそのシルクロードにおける波及―

4．中央アジアのゾロアスター教と奈良　青木　健　68

5．「ゾーロストル」かく語られき
──林董訳『火教大意』（1883）の斜め読み── 中島 敬介 80

第2部 ソグド人

1．前近代世界システム論と六～七世紀のソグド人── 森安 孝夫 110
2．ソグド人の信仰・文化・生活とソグド語文献── 吉田 豊 125
3．ソグド人に関する3つの論考── 菅谷 文則
──シルクロード文化を支えたソグド人── 147
──ソグド人の来た道── 157
──鑑真弟子胡国人安如寶と唐招提寺薬師蔵の埋銭について── 167

第1部　ゾロアスター教

ゾロアスター教の基礎知識

中島　敬介

「センセー、質問でえ～す」

「……また、あなたですか。でも、あなたvol.2の登場人物でしょう。ここにも出てきて質問ですか」

「ええとぉ、センセーがゾロアスター、ゾロアスターってたわごとみたいに言っているから、読んでみたんですよ、ゾロアスターの専門書」

「『たわごと』じゃなくて『うわごと』でしょ。専門書の内容に分からないところがあった」

「いきなり『フラシャオシュトラはカウィ・ウィシュタースパ王の信任厚く、ジャマースパに嫁いだボルチスターは…』という文章が『ハエーチャスパ族のマドヨーイモーハーンのように』に続いてるんですよ、どう思います！」

「ええと、最初のフラシャオシュトラというのは……」

「じゃなくてえ。『思います？』じゃなくて『思います！』。疑問じゃなくて怒りですよぉ。もっとわかりやすくぅ専門用語も固有名詞も使わないでぇ説明してくださ い。できればカタカナ言葉も抜きでっ」

「そうなると、ゾロアスター教とも言えなくなります」

「ふん。じゃあ、少しは混ぜてもいいです」

「考えておきます」
「できないんですか」
「いま忙しいんです。『ゾロアスター教の基礎知識』を書かなきゃいけないので」
「できないんでしょ」

† † † †

できない。

専門用語は、難解な説明を簡潔にするための圧縮装置だ。解凍すれば言葉の洪水に襲われる。例えばカント哲学のアンチノミー。この6文字を日常語で表せば、最低でも原稿用紙10枚は必要だろう。難解な専門用語は――専門用語で――「ジャルゴン」と呼ばれ、未分化ジャルゴン・失意味型（語新作）ジャルゴン・錯語型（意味性）ジャルゴンの3型に分かち、「言語の意味的価値の病態否認的解体」と説明されたりする。ため息しか出ない。

ゾロアスター教の説明が難解に思えるのは、ジャルゴンだけのせいではない。目の前の――小生意気な――学生さんが言うように、発音もままならないような固有名詞のせいであり、さらに言えばイランや中央アジアの歴史の知識を――ある程度は――必要とするからだ。

固有名詞と歴史を抜きにゾロアスター教を語るのは、天麩羅抜きの天蕎麦をつくるよりも難しい。だが多少の使用に目をつむってもらえるなら、揚げ玉入りのたぬき蕎麦ぐらいはできるかもしれない。味の保証はできないが。

††††

ゾロアスター教のアウトライン（失礼、概略）

・紀元前17世紀〜10世紀（だいたい紀元前1500年）のころ、現在の中央アジア——おそらくタジキスタンの東の方、パミール高原——あたりのインド・イラン人（俗にいう、アーリア人）の部族社会の中から、人類史上初めて、唯一神を信仰する宗教（一神教）が生まれた。

・「ゾロアスター教」である。

・自然に発生したわけではない。当時「多神教」であったインド・イラン人社会にあって、「ザラスシュトラ・スピターマ」という人物が、「アフラ・マズダー」という唯一神を信仰しようと主張し、その布教を始めたのである。

「は〜い、センセー。揚げ玉だらけで、胸焼けしそうで〜す」

「あと少しの辛抱です。以下、かっこ書きを読み飛ばしても大丈夫です」

・神官階級の家（スピターマ家）に生まれたザラスシュトラは、ギリシアでゾロアステレスと呼ばれ、これが英語読みでゾロアスター。ドイツではツァラトゥストラとなってニーチェに「かく語りき」と記されたが、ザラスシュトラはそんなことは言っていない。

・20歳のとき不明の理由で家出し、10年後、どこかの川畔で大天使（ウォフ・マナフ）に導かれて「善なる神」と出会った。その神が「アフラ・マズダー」で、ザラスシュトラはアフラ・マズダーの「善なる教え」を「詩文」にして詠み、説いてまわった。

・ザラスシュトラ自身が口にした詩文（「ガーサー」）は、ゾロアスター教の教典（『アヴェスター』）の最も重要な部分として残されている。ただし、どのような言語であったかは全く不明のため、完全には読み解かれていない。

・ザラスシュトラは、それまでの多神教から一神教への宗教改革に乗り出したのだが、当然ながら守旧勢力の抵抗や妨害は激しく、またザラスシュトラ以外にも新しい教えを主唱する者は無数にいたため、生前「ゾロアスター教」はほとんど普及しなかった。

・晩年になって、ある族長国家（王の名はウィースタースパ）の宮廷政治家となり、さてこれからというときに、亡くなった。後世の伝説では礼拝中に暗殺されたという。敵の多い人だったのだろう。

・ザラスシュトラ自身の主唱は、アフラ・マズダーのみを神として崇拝すること。あらためて言うまでもないが「ゾロアスター教」とは、ゾロアスターを信仰する宗教ではなく、ゾロアスター（ザラスシュトラ）が創唱したアフラ・マズダー——だけ——を崇拝する宗教である。

・その儀式には「火」が用いられるが、当然ながら、教徒は火を拝んでいるのではない。「火を通して神（アフラ・マズダー）と交信」できるように祈りを捧げているのである。

・火は神と信者をつなぐ「ツール」（失礼、手段）として大切にされるものの、神の被創造物の1つに過ぎず、崇拝の対象ではない。ゾロアスター教では、アフラ・マズダー以外を拝むことはあり得ない。
・したがってゾロアスター教を「拝火教」と呼ぶのは、間違いである。
・約3500年の歴史を持つゾロアスター教の教義は、その時代や布教の地域によって、何度か変遷している。ザラスシュトラ創唱時は純粋な「一神教」であった。
・3世紀のペルシア王朝（サーサーン朝）で「国教」となった時は、最高神（ズルヴァーン）、善神（アフラ・マズダーまたの名をオフルマズド）、悪神（アンラ・マンユまたの名をアフレマン）の3神構造であった。
・今日ゾロアスター教は「善悪2神の二元論」として理解されているが、イスラームの圧力にたじたじとなっていた9世紀になって成立した、オフィシャルな（失礼、公的な）教義解釈である。
・ザラスシュトラの時代からすべての期間を通して変わらないのは「アフラ・マズダー」のみへの信仰。
・したがって、これがゾロアスター教の「本質」である。
・拝火儀礼・犠牲獣・最近親婚・曝葬などの特徴的な――ちょっと眉をひそめたくなる――慣習も、ゾロアスター教オリジナルというより、インド・イラン人の伝統的儀礼を受け継いだものや、イラン高原を南下・西進するなかで、各地の信仰や習俗が紛れ込んだものが多く含まれている。
・今日のゾロアスター教徒の総数は10数万人。イスラームに追われ、イラン高原には少数しか残っていない。

・信者の約70パーセントはインド・ムンバイ(印度・孟買とすると、よけいに分かりにくいでしょう)の近辺に居住している。8世紀ごろからイラン高原から逃れた教徒の子孫で「ペルシアから来た人(パールスィー)」と呼ばれている。貿易などの商業活動によって富有化した人たちも少なくない。

†　†　†　†

「う〜ん。な〜んか、物足りないなあ。3500年の重みが感じられません。たぬき蕎麦ってより、かけ蕎麦。ゾロアスター教って、こんな薄っぺらなんですかあ」

「いや、もっと深遠で神秘的です。ゾロアスター教って、詳しく説明しましょう」

「いえ、けっこうです。忙しいんです。経済学原論のレポート書かなきゃなんないし。じゃあ、これで」

「これでって。ええと、御用とお急ぎでない方は、以下をゆっくりお目通しください。」

……え？　みんな帰っちゃうの。

Ⅰ．ゾロアスターという人物

1．名称

「ゾロアスター教」の創唱者とされるゾロアスターは、古代ギリシアでゾロアストレスと称された人物である。このギリシア名が英語圏ではゾロアスター、ドイツに入るとツァラトゥストラと呼ばれた。本人申告によれば「ザラスシュトラ・スピターマ」（以下、人物名は「ザラスシュトラ」と表記する）である。スピターマ家のザラスシュトラ坊ちゃんである。ザラスシュトラとは「年功を経た良い駱駝」または「駱駝を曳く者」の意味で、スピターマは「白い色」を意味するらしい。イラン高原近辺のどこかに生まれ育ち、概ねそのあたりで活動した人らしい。ラクダを曳く人で連想されるように大都会の出身ではない。

なお、ザラスシュトラの実在については怪しむ声があり、架空の人物あるいは複数の人物の総称とする向きもある。言下に否定はできないが、現に教義や祭儀を備えた「ゾロアスター教」が存在し、自然に発生したものでない以上、これを最初に言い出した者がいなければならない。その者が誰であれ、伝統的に「ザラスシュトラ・スピターマ」の名で呼ばれてきたと考えるべきだろう。

2. 年代（在世期）

（1）1000年近い「誤差」

ザラスシュトラについては「場所」も曖昧なら「時期」も胡乱で、いつ生まれたかも定かではない。3世紀の歴史家（ディオゲネス・ラエルティオス）は、犬の哲人とも樽の住人とも言われる紀元前5世紀ごろの変人（ディオゲネス）が、ザラスシュトラを紀元前6500年前の人と書いていると指摘している。だが変人（ディオゲネス）が事実を記述したとする確証はなく、それ以前に3世紀の歴史家（これもディオゲネス）の記事じたいも信頼性を欠く。「紀元前6500年」説は、本気で相手にしない方が賢明かもしれない。

最近では研究も深まって、紀元前1500年から紀元前700〜600年ごろに絞り込まれている。1000年近い隔たりは「絞り込み」というより「わからない」を定量的に表現しただけのようにも思えるが、表記の数字そのものには、根拠らしきものがある。

(2)「紀元前700〜600年」説

「紀元前700〜600年」説の根拠は、ゾロアスター教の伝承である。後述する族長国家の王（ウィースタースパ）がゾロアスター教に帰依するのが「アレクサンダーの258年以前」とされているらしい。これで下限の紀元前6世紀が決定され、アレクサンダー大王（アレクサンドロス3世）の治世が紀元前4世紀とされるので、計算すると紀元前7世紀前後となる。

伝承と算数の辻褄は、歴史が補強する。ちょうどこのころはアケメネス朝（ハカーマニシュ朝）ペルシアの時代にあたり、初代皇帝（ダレイオス1世）の父親はザラスシュトラの庇護者の名前（ウィーシュタースパ）と一致する。アケメネス朝が開かれるきっかけとなった帝位簒奪も、ザラスシュトラの秘術――狡知――のおかげで、その結果ゾロアスター教が力を持ったと考えれば、話が丸く収まる。

ただ、この説の難点は、両者は同名であっても全くの別人で、さらにはアケメネス朝のゾロアスター教はそれほど優勢でもなかったらしいということだ。「紀元前600

〜700年」説の根拠は、それほど盤石ではない。

(3)「紀元前1500年」説

それに比べると「紀元前1500年説」は、幾分しっかりしている。なにより心強いのはゾロアスター教最古の聖典（『アヴェスター』の中の「ガーサー」）に、ザラスシュトラの「言葉」が残っていることである。ここで使われている言語が、どうやら「紀元前1700〜1000年」のものであるようで、中をとって「紀元前1500年」。以上、証明終わり──とまではいかないが──。

3．場所（故地）はパミール高原

時期が「特定」されると、この聖典内の地名から「場所」の探索も可能になった。結論的には、現在のところ中央アジア・タジキスタンの東部、パミール高原のあたりが最有力視されている。

なお、このパミール高原にたどり着くまで、「場所」は次のように変遷した。

アフガニスタン北部↓アゼルバイシャン〜テヘランのどこか↓ウズベキスタン北部↓イランとアフガニスタンに跨がる地域↓カザフスタンの草原地域

整理すると「ザラスシュトラ・スピターマ」とは、紀元前1700〜1000（1500）年ごろ、現在のタジキスタン東部のパミール高原あたりで活動した宗教家である。

では、その活動の内容はどのようなものであったのか。

Ⅱ．ゾロアスター教の教義

1．ザラスシュトラのオリジナル思想――唯一神「アフラ・マズダー」

紀元前1500年ごろの古代イラン・インド人社会の信仰は多神教であった。神官階級の家（スピターマ家）に生まれたザラスシュトラも、多神教の神官にふさわしい教育を受けたはずである。ところが20歳のとき不明の理由で家出し、どこか不明の地をさまよい続けた。

10年後、30歳になっていたザラスシュトラは、所在不明の川畔で大天使（ウォフ・マナフ）に導かれ「善なる神」と出会った。その神が「アフラ・マズダー」で、ザラスシュトラはアフラ・マズダーの「善なる教え」を「詩文」にして詠み、インド・イラン人社会の伝統的な多神教を――諸神は「悪」だと――否定し、善なる唯一神「アフラ・マズダー」を崇拝するよう説いてまわった。

このときザラスシュトラ自身が口にした詩文は「ガーサー」と呼ばれ、ゾロアスター教の教典（『アヴェスター』）の最も重要なパートとなって残されている。ただし、どのような言語であったかは全く不明のため、完全には解読されていない。そのため具体的な教えの内容は不明としか言いようがなく、厳格な「一神教」ではなかったとの見方もある。

さらに、アフラ・マズダーもザラスシュトラの完全オリジナルとするのは早計である。インド・イラン人の多神教世界にはさまざまな神格（ミスラ神、ダエーヴァ神など）があったが、アフラ・マズダーもその1つとして既に存在していた可能性が高い。したがってアフラ・マズダーを崇拝する神官たちもいた中で、ザラスシュトラのオリジナリティは、最高位ではなかったone of them のアフラ・マズダーを、only oneの唯一最高神に仕立て直したところに求めるべきかもしれない。

そうなると、多神教の神殿（パンテオン）から放逐されたミスラやダエーヴァは神の名を剥奪されて、「悪」の道に堕ちるしかない。ザラスシュトラのシンプルな「一神教・善悪二元論」は、多神教信仰者の多くを敵に回してしまう――しかない――構造と言える。

当然ながら守旧勢力の抵抗・妨害は激しく、またザラスシュトラ以外にも新教を主唱する者は無数にいたから、生前のゾロアスター教はほとんど普及しなかったようだ。晩年になって、ある族長国家の宮廷政治家となり、さてこれからというときに、ザラスシュトラは亡くなった。後世の伝説では、礼拝中に暗殺されたという。真偽はともかく、敵の多い人だったのだろう。

ザラスシュトラの死後まもなく、後継者（原始教団）によって「一神・善悪二元」の過激思想は撤回され、従来の伝統的多神教との融和が図られた。妥協というよりゾロアスター教の生き残り戦略であったのだろう。一神教世界に多神を同居させるという、離れ業――と言うより暴挙に近い――が成り立ったのは、ザラスシュトラが口にした――「ガーサー」の――ゾロアスター教義が、統一的な体系を備えていなかったことを示している。

実は、今日ザラスシュトラの思想（Zarathushtranism）とされる一貫した物語構造を持つコスモロジーは、ザラスシュトラの「言葉」がどうにかまだ理解されていた紀元前500年ころ、ゾロアスター教神官たちによって編集――作成――されたものである。

ザラスシュトラ没後1000年にザラスシュトラ思想としてまとめられた教義は、次のようなものである。

・原初の世界（宇宙）はすべてが未分化のまま混沌としていた。
・これに秩序を与えたのがアフラ・マズダー。
・だが、この秩序化によって「善」と「悪」も分化した。
・以後「善の霊的存在（スペンタ・マンユ）」と「悪の霊的存在（アンラ・マンユ）」の果てしなき――しかし「善」の勝利が確約された――闘争が続く。

この最初期の段階では、神・アフラ・マズダーは善・悪を超越した存在――善・悪両方の生みの親――で、悪と戦う正義の戦士ではなかった。

この霊的世界の善と悪との戦いに、地上の人間も傍観は許されず、善悪どちらかに与する選択が迫られる。善悪の選択とは、要するに倫理上の選択であり、かつ負けると分かっている悪を選択する者は無視できるくらい少数なので、人間たるもの挙ってアフラ・マズダーの「善なる教え」に――無条件に――従うことになる。

さて、この「教え」の1つとされて、常識人の眉を顰めさせるのが「最近親婚」だが、これがザラスシュトラ創唱期にすでに宗教慣習として備わっていたかどうかは、疑わしい。ゾロアスター教に付き物の「犠牲獣」や「ハオマ（薬草）」すら、ザラスシュトラは禁止していたと考える研究者もいる。

この見方が正しければ、ゾロアスター教は時とともにパミール高原あたりから南下・西進していくのだが、この波及の動きに従って地域の固有の宗教と混じり合った結果の慣習かもしれない。特に注目されるのは、イラン高原西北部のメディア王国の宗教である。

2. 異教との混淆――メディア王国・マギの宗教の奇妙な慣習

ギリシアの歴史書によれば、インド・イラン人の一派であるメディア人は、紀元前7世紀にはイラン高原北部に定住し、安定した「王国」を築いていた。この王国の宗教は「マギ」と呼ばれる神官の部族によって執り行なわれ、「①拝火儀礼、②犠牲獣、③最近親婚、③曝葬」などの慣習があった。注目すべきは、これらがゾロアスター教の「慣習」と重なっていることだ。マギの宗教のうち①と②は、もともとインド・イラン人の宗教一般に見られるものだが、③と④については、起源もわかっていない。また曝葬については、ゾロアスター教の場合「悪」に打倒された肉体は大地を汚すという理由で「鳥葬」にされるが、④は死体を鳥獣に食べさせるために地上で曝し、骨だけを埋葬する方法である、コンセプトはともかく、方法は似ている。

以上から類推すると、今日ゾロアスター教の特徴として注目される慣習は、「ハオマ（薬草）」の服用も含め、伝統的なインド・イラン人の宗教慣習をベースに、移動ないし拡張の途上でマギの宗教と混淆し（あるいはマギの宗教要素が埋め込まれ）、その結果として形成されたと考えられる。

ザラスシュトラの創唱から没後数世紀の間、ゾロアスター教はパミール高原あたりから南西部への移動を続けたが、通過する地域の伝統的習俗を大きく変えるほどの影響力はなく、逆にこれらと混じり合って、自らを大きく変容させたことになる。このことは、後に東進して中国に向かうゾロアスター教を考える上でも留意しておいた方が良いだろう。

メディア王国・マギの宗教でもう一つ注目したいのは、「時間」を支配する神・ズルヴァーン信仰を生み出していたことだ。紀元前550年ころ、メディア王国はペルシア帝国（アケメネス朝）に組み入れられる。マギの宗教と習合したゾロアスター教も、そしてズルヴァーン信仰も、もろともペルシア（アケメネス朝）に吸収されていった。

3. ペルセポリスのアフラ・マズダー

アケメネス朝におけるゾロアスター教の位置づけについては、意見が対立している。ある研究者（考古学者）は、初代の王（ダレイオス一世）はゾロアスター教を「国教」に定めたと言い、その根拠として王が造営した聖都――かの有名な――「ペルセポリス」の装飾を挙げ、さらにその北方の遺跡（ナグシェ・ロスタム遺跡）にある王墓のレリーフが（神・アフラ・マズダーから王・ダレイオスへの）王権神授を表し、碑文では王自身がアフラ・マズダーによって「王の中の王」になったと明記している、と主張する。

これに真っ向から反対する研究者(宗教学者)は、ペルセポリスで祭られているのはアフラ・マズダーだけではない。インド・イラン人が信仰したミスラ神ばかりか、他民族の神々へも供物が捧げられている。そして、王(ダレイオス一世)の基本政策は、政治的には中央集権だが、文化的には地方分権主義で、宗教は一元化せず各地域の宗教を容認していた。だから国教制定はあり得ない、と口を尖らせる。

いやいやと考古学者は自信たっぷりに指を振る。この王朝の遺跡には王を守ったアフラ・マズダーの図像を用いて、戦いの勝利を表したものも描かれている。またこの時代には「ゾロアスター教カレンダー」が出され、広い範囲で普及していた。ゾロアスター教が国教となっていた確かな証拠である。

宗教学者は譲らない。「カレンダー」が出されたのは、王朝が衰亡する最末期か滅亡後である。なにより、この時期「ゾロアスター教団」の存在を示す資(史)料が全く確認されていない。ゾロアスター教が国教であったとすれば、教団不在など考えられない事態ではないか。

両者の主張は平行線をたどる。たしかに、王朝を開いたばかりの時期に国教を制定すれば他宗教の反発を招き、政権基盤の安定は損なわれる。「王の中の王」の地位を危うくする政策が採用されたとは思えない。この王朝は約150年間続いたが、宗教政策は基本的に当初の多元主義が維持された。この王朝では――ゾロアスター教であれ、他教であれ――国教の制定はなされなかったことになる。

だが、それならペルセポリスの「王権神授」のレリーフはどう解釈すれば良いのか。この図を「王権神授」と認める限り——否認には勇気が要る——王権の正統性が、ゾロアスター教の神・アフラ・マズダーに保証されていたことは明らかだ。この方針も帝国で維持されたのなら、ゾロアスター教はずっと「国教」として王権を支えていたことになる。

思えば、40年前のゾロアスター教ブームの起点もペルセポリス（終点は奈良県の「飛鳥」地域）だった。『ペルセポリスから飛鳥へ』は、今後あらためて立ち戻る地点かもしれない。

この悩ましいアケメネス王朝は、アレクサンダー大王の東征よって紀元前330年に滅びる。このあとゾロアスター教が問答無用の「国教」として華々しく登場するまで、ゾロアスター教史ばかりかイラン高原全体が、550年間にわたる歴史空白の時代となる。

本稿は、この「空白」さらに延長して、立派に成長したゾロアスター教の再登場を迎えることにする。ときは紀元後6世紀である。

4．ペルシア国教としてのゾロアスター教

紀元前1500年のころ、イラン高原の北東で生まれたゾロアスター教は、紀元後3世紀、豊かな穀倉地帯であるメゾポタミアに隣接する高原南西部のペルシア帝国（サーサーン朝）で、「国教」の地位を獲得していた。その長くて遠い道のりの間、ザラスシュトラの朗唱によるアフラ・マズダーの「善なる教え」は、ずっと口伝で継承されていた。何世代にも引き継がれるうち、いつしか意味内容が失われてしまっ

たが、それでも「呪文」のように唱えられ続けていたのである。

ところが5～6世紀になると、ゾロアスター教史上初の「文書化」が唐突に開始された。事情はよくわからない。対外関係の軋轢の激化や内紛といった政治上の問題かもしれない。「聖書」で理論武装したキリスト教（ネストリウス派）圧力への抵抗だったかもしれない。より広範な異教対策だったのかもしれない。あるいは国教神官としての気負いかもしれないし、意味の無い気まぐれだったのかもしれない。ともあれ、何らかの事情があって呪文の力の限界も自覚されたのだろう、ペルシア国教の神官（ゾロアスター教神官）たちは、確固たるゾロアスター教典の制作に取りかかったのである。

だが、これは想像以上に――想像を絶するほど――困難で面倒な作業であった。教えの言葉を表記しようにも、古い時代の文字は痕跡すら残っていなかった――もともとなかったのかもしれない――。そもそも聖なる「音」を俗なる「文字」で表記できるのかという、哲学的な疑念も提起された。

それら諸問題をドラスティックに一掃する方法が考案された。口承の「音」に見合う文字（アヴェスター文字）の開発である。その新しい人工文字で言語化した言葉（アヴェスター語）を――再――解釈し、ゾロアスター教の教義や論理、宇宙観が再構築されていった。その一連の作業の成果が『アヴェスター』と呼ばれるゾロアスター教の聖典である。

『アヴェスター』は全21巻で構成されるが、元になった口承の時期によって、前期・後期に2分される。前期は、ザラスシュトラ自身の「詩文」（ガーサー）とこれに基づく祭儀（ヤスナ）など教義が大半を占める。後期のコンテンツは、その後の解釈や宗教法典が主である。『アヴェスター』は全体の70パーセント以上が失われているが、ガーサーとヤスナは、ほぼ無傷で残っている。意図されたものなのか、偶然なのかはわからない。

なお、聖典のタイトルに採用されたぐらいだから、「アヴェスター」にはさぞ深い意味があるのだろうと思ってしまうが、実は聖典編纂当時（6世紀ごろ）に使われていた中世ペルシア語（パフラヴィー語）の「アベスターグ」を近世ペルシア語に転訛したもので、かんじんのアベスターグの意味は不明である。

不明の語を聖典のタイトルにするあたり、ゾロアスター教独特のセンスを感じさせる。

5．イスラーム制圧下のゾロアスター教

聖典編纂でほっとする間もなく、ペルシア帝国（サーサーン朝）は、アラブ・イスラーム軍の侵攻により西暦651年に滅亡する。国教となっていたゾロアスター教も当然運命を共にした、と思いきや、国教神官団は――かの――ペルセポリスのあるペルシア州で生き延びていた。

イスラームの重圧を撥ねのけ、9世紀になると神官団は教導職を新設する。ペルシア州は燦然と輝くサーサーン朝の黎明期に戻ったかのように、イラン高原全域のゾロアスター教徒を監督する拠点となった。

この時期の神官団トップの職務は、もっぱらオリエント――現在のイラン・アラ

ビア半島・エジプトあたり——全域を支配するイスラームとの和議交渉と、中世ペルシア語（パフラヴィー語）による猛烈な著作活動であった。

これほど質の高い著述物が大量につくられた期間は、ゾロアスター教史上、この時期以外には見当たらない。先に触れた、6世紀ごろに編纂された『アヴェスター』を含め、「古典」の復興・再認識という意味で「パフラヴィー語文学ルネサンス」と表現する研究者もいる。過去2500年曖昧模糊としていた「ゾロアスター教」が一気に再編・再整理され、統一的な解釈が加えられたのである。しかも、イスラームの『クルアーン』に負けないくらいの論理を備えて。

9世紀の約100年の間に、全9巻に及ぶ浩瀚な『宗教集大成』（デーン・カルド）や聖典『アヴェスター』の宇宙創成論の翻訳（翻案）書（ブンダ・ヒシェン）を書き上げられた。前者には他宗教への反駁や社会制度論なども含まれるが、当然ながらゾロアスター教関係が中心を占め『アヴェスター』全体の要約と訳注（ザンド）、超難解な「ガーサー」の詳説そしてザラスシュトラ伝などが含まれている。

この時期の神官団は全ゾロアスター教徒に対し、祭儀の方法や宗法の運用に関する指導の徹底も行っている。あたかもイラン高原からの「教徒離散」の事態を見通したような動きである。

さて、6世紀頃の『アヴェスター』をもとに、9世紀に確定されたゾロアスター教の教義が、今日「ゾロアスター教」不変の構造とされる、「神格として一神教／倫理的には善悪二元論」である。

善神アフラ・マズダー（中世ペルシア語でオフルマズド）と悪神アンラ・マンユ

（同、アフレマン）とが対立し、各々6個の善霊と悪霊を従えて闘争を繰り広げる物語は、このとき「公定」されたのである。

Ⅲ．まとめ——一神教か多神教か。二元論か。

1．確定事項

ゾロアスター教の創唱時期は紀元前1500年ごろ。創唱の地はパミール高原。創唱者はザラスシュトラ・スピターマ。時期については、多少の——数世紀の——幅を見る必要はあるが、現時点では、ほぼこれで確定している。

教義の根幹は「アフラ・マズダー信仰」である。「火」は神（アフラ・マズダー）の代理であり、かつ神と信者とがつながる手段であることから、火を焚いて祈りを捧げる。これも揺るぎなき事項である。

2．一神教と二元論の問題

だが、もう一歩踏み込むと「（唯）一神教」と「善悪二元論（したがって二神）」とが対立し、同じ「一神教」の内部でも、最高神の入れ替わりがあった。この葛藤を収める智恵は「時間軸」だろう。ザラスシュトラの創唱から9世紀に教義が公に確定するまで、2500年近い時間が流れ、2000キロメートルを超えて移動（波及）している。いかなる金科玉条も不変のままではいられない。まして宗教の本質が人の心の救済とすれば、その時・その場にいる人こそが大切であって、頑固に教条を守り抜くより、中核的コンセプトだけは死守し、余のことは大らかに見て、時代や地域の環境や価値観、伝統や習俗に寄り添うことが、むしろ自然の成り行きと言える。

ゾロアスター教の場合、中核的コンセプトは「アフラ・マズダーへの信仰」。これこそゾロアスター教の根本原理であり、預言者ザラスシュトラが示した教義の根幹である。

このザラスシュトラの教義を言葉にしたものが「ガーサー」、教義をセレモニー（儀式）化したものが「ヤスナ」。この教義と儀式の2者さえ堅持すれば、ゾロアスター教すなわちアフラ・マズダー崇拝教のコンセプトは揺るがない。乱暴に約言すれば、こうなる。

アフラ・マズダーへの崇拝さえあれば、後は野となれ山となれ。

この視点に立って、教義の「変遷」を見ていこう。

3．教義の変遷

（1）ザラスシュトラ創唱の教義──アフラ・マズダー、善悪を超越した唯一神

まず紀元前1500年の創唱期。ザラスシュトラの念頭には宗教としての体系整理はなく、今日ゾロアスター教の特徴とされる拝火もハオマも曝葬も近親婚も脳裡に浮かぶことはなく、ひたすらアフラ・マズダーの「善なる教え」への服従を求めるだけだった。

1000年後の紀元前500年、「創唱期」の世界観（ザラスシュトラの教義）として

整理された内容は、アフラ・マズダーは原初の世界（宇宙）に秩序を与えた「神」である。善・悪を超越し、自らの秩序化によって生み出された「善の霊的存在（スペンタ・マンユ）」と「悪の霊的存在（アンラ・マンユ）」との闘争に戸惑う――ちょっと頼りなげな――唯一神である。

（2）多神教世界との融和

ザラスシュトラの没後、教団の生き残りや布教の拡張も目指されて、伝統的な多神教世界との妥協が図られた。これに伴いアフラ・マズダーの性格は「善神」というかたちで明確化される。善神がいる限り悪神もいなければならず、アフラ・マズダーの対抗軸として悪神中の「悪神」（アンラ・マンユ）が出現する。「悪」ゆえに「善」に屈するのは確実のせつない役割だが、悪神の立場上、甘受しなければならない。

結果として、アフラ・マズダーは自ら「善の霊的存在（スペンタ・マンユ）」を率いて、悪神及び配下の「悪の霊的存在」軍団と――確実に勝利の約束された――戦いを行う存在となる。神格は2神だが、敗北確実の悪神を崇拝する者はいない。事実上「アフラ・マズダーを一神として崇拝する」構造は維持されている。

（3）異教と混じって3神構造――最高神ズルヴァーン

画期となるのは、住み慣れた故地を離れ、ペルシア目前の地で異教（メディアのマギの宗教）と出会ったことである。このあたりで曝葬や近親婚の――風変わりで、広く受け容れられそうにない――宗教慣習が埋め込まれ、時間を司る「ズルヴァーン」という特異な神が浸入してくる。これとの同化・習合の過程をすすみながら、ゾロアスター教はペルシアに入っていく。

紀元後3世紀、ペルシア帝国（サーサーン朝）の「国教」となったゾロアスター教は、ズルヴァーンに支配されていた。3世紀の異教徒（マーニー教のマーニーさん）が記すところによると、「『創唱期』の世界観」が換骨奪胎され、かつてのアフラ・マズダーの地位に、「時間神」ズルヴァーンが就き、アフラ・マズダー（オフルマズド）はズルヴァーンが生み出した「善神で弟」の地位に下がり、同じくズルヴァーンから生まれた「悪神で兄」のアンラ・マンユ（アフレマン）と軍団対決する構造となる。このシチュエーションでは「最高神」はズルヴァーンだが、善・悪2神を生み落としただけで、すぐさま世界から消えていくので、崇められるいとまもない。「悪神」がライバルとして残るが、これも先と同じ理由で、崇拝の対象とはならない。アフラ・マズダーは神格こそ、最高神の地位から序列3位に陥落するが、崇拝の対象としての唯一性は維持されているのである。

（4）最後に善悪2神の二元論

このズルヴァーンを頂点とする3神格構造は、5～6世紀の『アヴェスター』編纂期に放棄された。理由はわからない。ズルヴァーンが役不足を不満として退場したのでなければ、国教神官がズルヴァーン抜きでも教義は成立すると気づいたのだろう。この時期の教義構造は不明だが、その発想がかたちを整え、9世紀の「パフラヴィー語文学ルネサンス」で公定化される。ズルヴァーンを葬り去った後、ペルシア帝国（サーサーン朝）後半の国教・ゾロアスター教では、次のような完全な「二元論」の世界観が構築されていた。

原初から善神・アフラ・マズダーは天空で輝き、悪神・アンラ・マンユは闇黒の地底にいた。これに気づいた悪神は激怒して善神に戦いを挑み、善悪混合の世界となった。

善の勝利は確実なのだが、それが「いつ」かはわからない。善神なれども全能でなかったアフラ・マズダーは「永遠」の戦いを回避するため、時間の有限化を「悪」に提案した。強力なるも無能な悪神はこれを受諾し、ここにおいて有限時間内の「悪」の敗北が決定した。

これに地上の世界も巻き込まれ、人間は自動的に「善」に服従することになるのだが、華々しい活躍は許されない。出来ますことは、身体いっぱいに「悪」を溜めこんで死ぬことぐらいである。地上世界の中心であるインド・イラン人（アーリア人）が住む土地（アルヤナ・ワエージャフ、のちサーサーン朝ではエーラン・シャフル）は清浄が保たれなければならないので、悪に満ちた死骸は、いったん曝葬（鳥葬）されなければならない。ただし、それ以外の異教——異郷——の地は、汚れても気にされないから安心である。

善悪戦争終結までの有限時間は9000年とも12000年とも言われ、ザラスシュトラの創唱期直前に戦闘が始まったとしても、あと6000～9000年ほどで片が付く。人間がゴミ収集袋の代わりをするのも、もう少しの辛抱である。

このような世界観（教義）が、イスラームの脅威が迫っていた6世紀ごろからつくりあげられていったことに、留意する必要がある。ムスリムが振りかざす剣の下には、明晰な論理を備えた「クルアーン」が潜んでいた。ここにも完全無欠の「唯一神」(アッラー)が、完璧な「善」でもあると説かれている。

イスラームのハイ・セオリーに対抗するには「一神論」を否定しなければならなくなった。神が全能で唯一かつ善ならば、なぜに世に「悪」が存在できるのか、と問うしかなかった。だがこの反駁は「唯一の善神・アフラ・マズダー」の教義を固守しては成り立たない。そういう君はどうなんだと逆捩じをくわされる前に、イスラーム下のゾロアスター教神官たちは、「善悪2神の二元論」に鞍替えしたのである。ザラスシュトラ創唱以来の「アフラ・マズダー1神への信仰」は固守したままで。

神の数がいくつであれ、信仰対象はアフラ・マズダー神のみ。このアクロバティックな論理こそ、深遠なるゾロアスター教思想の真骨頂であるが、柔軟思考や懐の深さで、イスラームの進撃が防げるはずもなく、わずかの例外を除き、ゾロアスター教はイラン高原から一掃された。

現在最大の信徒集団居留地(コロニー)はインド・ムンバイにあり、ペルシアから逃れ出た人という意味の「パールスィー」——の子孫——と呼ばれている。貿易・金融業で財を成した富有家も多い。なお、兵庫県・神戸の外国人墓地には、複数のゾロアスター教徒の墓石がある。アヴェスター文字で刻まれた墓碑銘は——おそらく——ここだけに見られるものである。

想像もできないほど長大な時空間の中で、教義は幾多の変遷を遂げてきた。しかしゾロアスター教的センスで言えば、そんな理屈は瑣事に過ぎない。アフラ・マズダーへの信仰は、未来永劫、ザラスシュトラの趣き深い「詩文」を唱えていれば十分なのだ。言葉の意味など分からずとも。

【附記：「胡人」のゾロアスター教】

ザラスシュトラの故地・パミール高原近くの住人のうち、ソグド人と称される人々は4～5世紀以降「シルクロード」の商業民として活躍する。唐に入ったソグド人は「胡人」と呼ばれ――「安史の乱」(755)の安禄山や史思明のように――政治・経済の両面で社会進出する。その胡人の宗教も「ゾロアスター教」であったが、先に述べた西進・南下したゾロアスター教との関連は不詳である。インド・イラン人古来の伝統的信仰が、後にゾロアスター教(Zoroastrianism)と習合したかもしれないし、ザラスシュトラ創唱の教義(Zarathushtranism)が、原初のまま維持されていたかもしれない。

一方、7世紀の半ば、イスラームの猛攻に耐えきれず、サーサーン朝最後の皇帝はゾロアスター教の「聖火」を抱えてペルシアを脱出した。途中で暗殺されるが、同行した家族(息子)・廷臣たちは中国・長安に亡命し、これまた「胡人」と呼ばれた。こちらのゾロアスター教は当然サーサーン朝国教のそれである。

さて、中国に入ったゾロアスター教は、一般に「祆教《けんきょう》」と呼ばれ、8世紀の大唐帝国では「胡人」のエキゾチシズムが「胡風」などと呼ばれて大流行した。日本にもその文物――衣装や意匠――は唐文化としてもたらされた。これらに祆教の要素が混じっていなかったはずがない。では、上記どちらの「胡人」の「ゾロアスター教」

が、より色濃く日本に入ってきていたとのだろうか。

†　†　†　†

「ふ～ん。ちょっと、おもしろそうかも」

【主な参考文献等】
青木健『新ゾロアスター教史』（2019）刀水書房
青木健『ゾロアスター教』（2008）講談社
メアリー・ボイス『ゾロアスター教』（2013）講談社
伊藤義教訳『原典訳 アヴェスター』（2012）筑摩書房
フリードリッヒ・W・ニーチェ、佐々木中訳『ツァラトゥストラかく語りき』（2015）河出書房新社
The Encyclopædia Iranica (https://www.iranicaonline.org/、2022.09.29閲覧)

私の出会ったゾロアスター教

森本　公誠

はじめに

中島先生（中島敬介。ユーラシア研究センター副センター長／特任准教授）から「ゾロアスター教と大乗仏教」という大変大きな課題を与えられまして、これをどのように料理するかとだいぶ迷いましたが、私はゾロアスター研究の専門家でもありませんので、私が学びの合間に出会ったゾロアスター教、もしくはゾロアスター教まがいの事例を提示させていただいて、それらが大乗仏教とどうつながっていくのか、ということで考えてみたいと思います。

取り上げるテーマは三つ、一つ目はアラブの地理書に見るゾロアスター教徒、二つ目は東アジアにおけるゾロアスター教の痕跡、三つ目は大乗仏教の生成でございます。

1．アラブの地理書に見るゾロアスター教徒

「アラブの地理書に見るゾロアスター教徒」については、アラビア語で「ファールス」というペルシア本土について、アラブ人の地理学者たちがどのように報告して

いるかという話しをしたいと思いましたが、時間の関係もあるので少し飛ばします。

特筆すべきアラビア語の地理書には、イスタフリー（951年ごろ没）の『諸道諸国誌』、イブン=ハウカル（979年ごろ没）の『大地の姿』、ムカッダスィー（999年ごろ没）の『諸地域の知識に関する最良の区分』があります。例えば、イスタフリーは、「ゾロアスター教の宗教的慣習では、妊娠もしくは月経中に性交した女性は、拝火寺院の火のところにやって来ることによってのみ浄められる。女性はしかるべき拝火寺院の奉仕者によって衣服を脱がされ、牛の尿によって浄められるのである」と書いています。牛に対する異常なまでの信仰が気になります。ゾロアスター教徒が浄めの儀式に牛の尿を使うことはよく知られています。イスタフリーは、ペルセポリスのあるアラビア語で「イスタフル」という町の出身で、純粋のペルシア人です。だからイスラム教徒になっていますが、実際に自分が見聞きした報告を10世紀という時代に書き残しており、後からやってきた地理学者も、そのまま書き残しています。

要点として挙げますと、10世紀の地理学者が残しているものは、サーサーン朝ペルシアが滅んでから300年ほど経ってからの風習です。なお、この地方では大半の人々がゾロアスター教徒です。慣習としての一般の人たちがそのまま伝えているゾロアスター教と、護教的な意味だと思いますが、当時、神官階級が活発に宗教的な文献的活動を行ったゾロアスター教とは分けて考えるべきではないかと思います。

2. 東アジアにおけるゾロアスター教の痕跡

第二に取り上げるテーマは「東アジアにおけるゾロアスター教の痕跡」で、非常に断片的な話ですが、私がたまたま出会った例を挙げたいと思います。私が大学院生のときに、伊藤義教という先生から中世ペルシア語であるパフラヴィー語を学びました。ところが、とても難しくてものにはなりませんでしたが、ゾロアスター教そのものについて少しは学べたかと思います。その伊藤先生が、1964年に、西安の郊外から発見されたパフラヴィー語と漢文の二つの言葉で書かれた墓誌銘の解読を中国から依頼されて、ものの見事に解読されました。漢文で見ると、「左神策軍散兵馬使、蘇諒の妻、馬氏が咸通15年（874）2月28日午後4時に26歳で没した。よってここに記す」という意味のことが書かれていました。

そこに書かれてあった「神策軍」とは、唐代の禁軍部隊、つまり皇帝の護衛と都の守備を担う軍隊が分かれて、玄宗皇帝の時代（712～756年）に設置された、募兵制による軍団の一つです。751年にタラス川の戦いという有名な戦いがあり、唐の軍隊はアッバース朝のイスラムの軍隊に大敗し、唐王朝の政情は非常に不安定となり、その後、安史の乱が勃発しました。唐の王朝で保護されていたサーサーン朝王家の王族たちもタラス川の戦いに参戦し、何とかしてサーサーン朝ペルシア帝国を復興したいという思いがあったようですが、ものの見事に負けてしまったので、大量のイラン人が中国にやってくるという状況になりました。彼らのことは胡客と呼ばれます。「胡」は、一般的には「胡椒」の「胡」でソグド人を表すのですが、決してソグド人だけではなく、イラン人そのものも表しています。そこで、皇帝徳宗の時代の貞元3年（787）に、胡客で本国への帰国を希望する者が誰もいなかったことから、宰相の李泌が4000人を神策軍に編入させたという記録があります。この4000人の中に漢民族は入っていません。向こう（ペルシア）から来た人ばかりで4000人ですから、かなりの大部隊です。そのぐらいたくさんのペルシア系の人たちがいたということです。

ペルシア各地のイスラム化に伴い、故郷を離れて中国までやってくる胡人は後を絶たず、神策軍への編入政策はその後も継続されていたのではないかと思います。

パフラヴィー語の方の文章は、伊藤先生の翻訳をそのまま引用します。「これはスーレーン家の出たる左神策軍の、永霊者たる騎長の娘にして、王族の永霊者マーシーシュが、永霊者ヤズドカルト〔三世〕の240年、唐朝の260年、威光赫々たる常勝の大王の咸通15年、そしてスパンダルマト月スパンダルマト日〔すなわち〕建卯の月〔に、彼女は年〕26で遁世者となった。そして彼女の坐所は〔今や〕最勝界たるガロードマーンにおいてオーフルマズドとアマスラスパンド諸神とともにあることとなった。〔彼女に〕平安〔あれ〕」。日本語としてもわかりにくい文章ですが、これがサーサーン朝以来の伝統的な墓誌銘に使われる文章になっているかどうかは、私は専門的には分かりませんが、このようなことがパフラヴィー語で書いてありました。

伊藤先生の説明によると、スーレーン家とはパルティアやサーサーン朝を通じてカーリンやミフラーンと並ぶ大貴族の一つであるということです。漢文では「蘇諒」と名乗っていますが、パフラヴィー語では「スーレーン家」とのみあって、「散兵馬使」、つまり騎長本人の名前は書かれていません。中国の文献によれば、「神策軍等に編入する際に、王子は散兵馬使に就けて、他は兵卒にした」とあるので、王族である蘇諒が散兵馬使であるのは文献と全く一致するということです。

この二つの言語の内容を見比べて興味深いのは、漢文の方で「妻」とのみあったこの馬氏（マーシーシュ）は、パフラヴィー語の文章では「蘇諒の娘」であると明記されていることです。玄奘など西域を旅した求法僧はペルシアの習俗に触れて、ゾロアスター教徒の近親婚を嫌悪すべきこととして報告しています。ここは、近親婚の中でも最近親婚の実例を物語っています。実はゾロアスター教では、近親婚は功徳があると宗教的に勧められてきました。中国では「祆寺」といいますが、長安だけではなく敦煌も含め、中国各地にゾロアスター教の寺院がありました。同時に、キリスト教のネストリウス派の大秦寺もあり、いろいろな宗教が交じり合っていたことが分かります。

伊藤先生はさまざまなことを研究されまして、正倉院宝物の羊木臈纈屏風《ひつじきろうけちのびょうぶ》というものを取り上げ、ゾロアスター的解釈による説明をされています。ここに出てくる羊の姿が、昔のソグド人の都であった、現在のウズベキスタンのサマルカンドの郊外のアフラシヤブの壁画に出てくるヤギと全く同じパターンなんです。日本にこの羊の模様を誰が持ち込んだのか。しかもそれは、どうもソグド系のデザインと全く同じではないかと考えられるものです。この「羊」というのは、星座の羊座に当たるそうです。

日本に伝わったかもしれないといわれる事例を探さなければいけないだろうかと

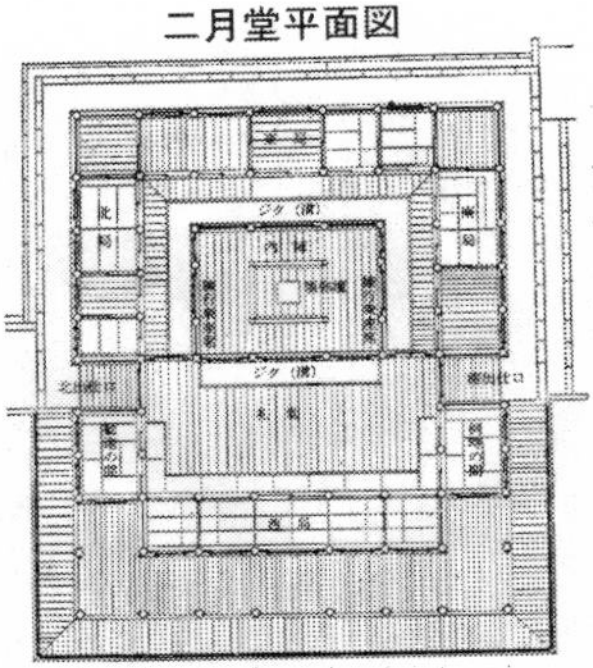

【図2】

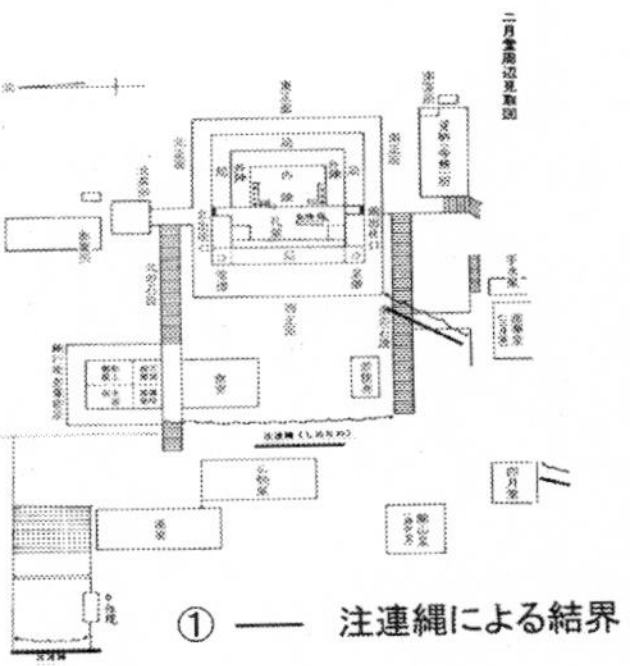

【図1】

思ったりもしましたが、伊藤先生が旧暦2月に東大寺で行われる修二会（お水取り）についてゾロアスター的解釈を施されたので、私はあくまでも、問題提起の視点からそれの補足的な説明をさせていただきます。

修二会は正式には2月20日から3月15日まで行われます。その間、二月堂周辺は、聖なる区域であるということを示すためにいろいろな方法を採ります。まず2月21日に、二月堂周辺境域に注連縄《しめなわ》を張って結界します【図1】。二月堂の建物本体は複雑な構造になっています【図2】。もちろん中心が一番大事なところです。一番外側には畳が敷いてあって、「局」と称していますが、女性が参籠できます。しかし、その前面には格子戸がぐるりと巡らされていて、これも一つの結界になります【図3】。その内側は礼堂に当たり、男性はこの中に入ることが許されます【図4】。ところが、さらに内部は「内陣」と呼ぶところで、これは「聖なる空間」ということになりますので、これを区別する意味で、川を象徴しているのだと思いますが、「溝」による区別、「結界」というものをしております。このような結界の観念はゾロアスター教徒の儀式においても見られます。

この行に参加する僧侶は練行衆《れんぎょうしゅう》と呼ばれ、内陣の中でいろいろな儀礼を行います。まず内陣に入るとき、川に見立てた溝に渡してあった板を「橋」と称していますが、これを通って中に入るとすぐそばに水が入った器があって、そこに散杖という棒が添えられていて、自分の身にその

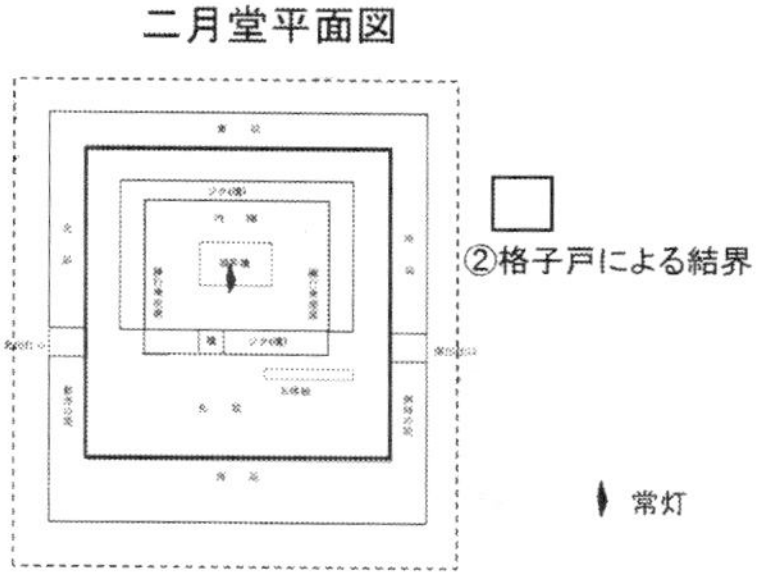

【図3】

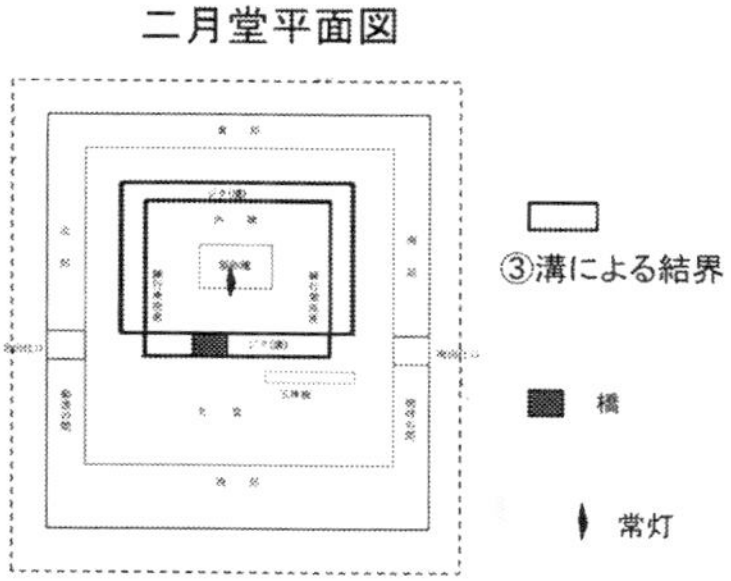

【図4】

水を振り掛けて浄めるということを行います。結界のための川と橋は、ゾロアスター教の、死者の魂が渡らねばならない川に掛けられたチンワト橋を連想させます。

いろいろなお経を唱えるのですが、ゾロアスター教の方々に聞いていただくと喜んでいただけるような言葉がございます。そのお経とは、「光明熾盛照十方　摧滅三界魔波旬　抜除苦悩観世音　普現一切大神力」で、〔観世音菩薩が放つ〕大光明が十方世界を照らし、悪魔の王である波旬を砕き滅ぼした。それはまさしく人間の苦悩を除いてくださる観世音菩薩が偉大な神通力を発揮されたためである、という内容です。これを大変大きな声で、節付けで毎日何回も唱えます。1日に6回のお勤めがありますが、6回とも節が違います。

一番大事な日とされている旧暦2月12日（新暦3月12日）に、夜中にお堂から降りてきて、下にある閼伽井《あかい》という井戸から水をくむ「お水取り」という一番大事な儀式があります。その日の夕方に前もって、内陣の中をきれいに掃除します。そのときに、観音様をお祀りしてある須弥壇《しゅみだん》の西南隅に、牛の置物を置き、あらかじめ灯芯をひも状に長くつないだものの端を牛の角の一方に結び付けて、須弥壇の柱伝いにその灯芯を引き上げ、四方に巡らした細い梁に巻き付け、ゆったりとした形で垂らします。そしてまたその灯芯を下ろしてきて、もう一方の牛の角に結び付けます。牛の額には、花飾りのような飾りが作ってあります。これは灯芯と牛による結界になるわけです。一

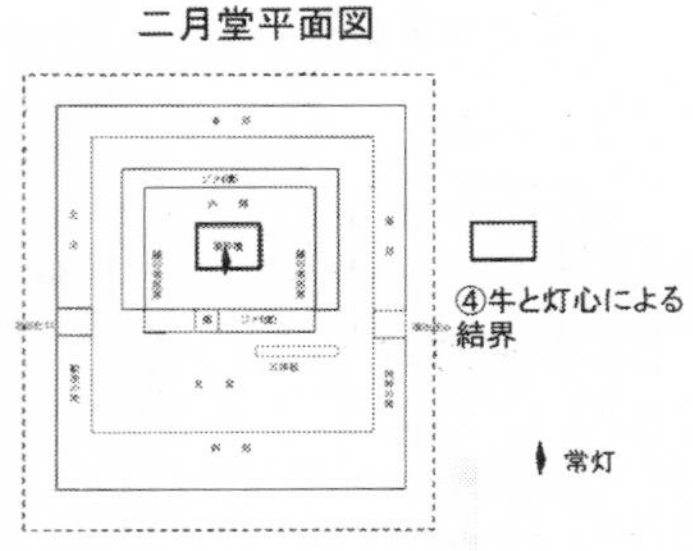

【図5】

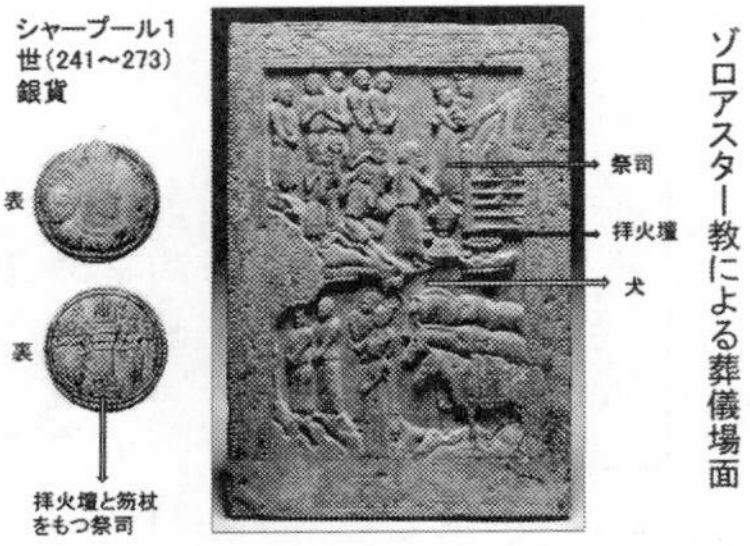

【図6】棺床屏風（MIHO MUSEUM蔵）（一部加工）

番大事なところを聖域として守るときになぜ牛が出てくるのか、その理由は伝わっていません【図5】。

次に取り上げたいテーマは、ソグド人の墓葬の例です。滋賀県甲賀市のMIHO MUSEUMが所蔵する棺床屏風《かんしょうびょうぶ》にその情景を垣間見ることができます。もともとあったベッド式の棺台は失われていますが、棺台の縁周りを囲むようにして、いわば枕屏風のような形で、白い大理石が置かれます。棺床屏風とはその大理石のことで、その石板に彫刻が施されております。MIHO MUSEUMの場合は、棺床屏風が11枚あります。

その中から分かりやすいものを挙げると、【図6】は、ゾロアスター教による葬儀の場面を象徴していると思います。祭司あるいは神官が火を汚さないように白いマスクをしています。その前に小さな拝火壇があります。本来ならば、左のシャープール1世の銀貨の裏に描かれているような大型の拝火壇が正式なものですが、火を運ぶ必要のあることから、ポータブル式の拝火壇も使われていました。サーサーン朝の軍隊とアラブ軍が戦うときに、アラブ軍はサーサーン朝の軍隊が持っている、このポータブル式の拝火壇の火を消せば彼らの士気が落ちるということを知っていて、火を消してサーサーン朝の軍隊を打ち負かしたという話があります。ポータブル式の拝火壇は早くからあったのです。

それから、その下に犬が出てきます。ゾロアスター教の葬儀では犬が非常に重要な役割を果たしているというのは、張先生のお話にもありました。張先生のお話では2頭の犬が出てきました（「3．サグディード考」参照）。この棺床

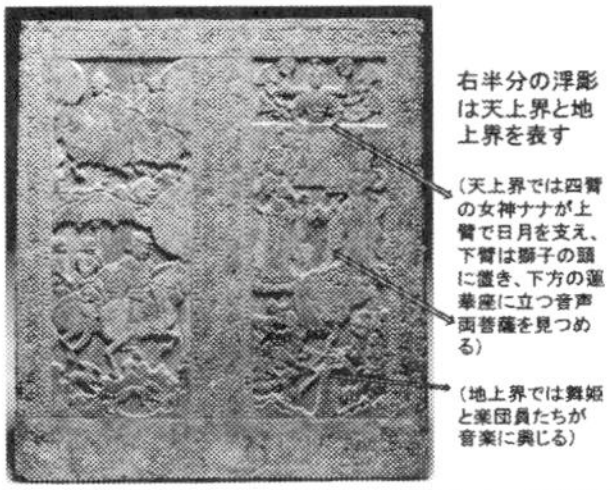
右半分の浮彫は天上界と地上界を表す
（天上界では四臂の女神ナナが上臂で日月を支え、下臂は獅子の頭に置き、下方の蓮華座に立つ音声菩薩を見つめる）
（地上界では舞姫と楽団員たちが音楽に興じる）

【図7】棺床屏風（MIHO MUSEUM蔵）（一部加工）

屏風は中国北部で、北朝時代のものとして発見されました。当時は、漢民族以外の人たちがたくさん王朝をつくり、その王朝に対してソグド人が何らかの知的な貢献をしたということで、このお墓は有力な地位にあったソグド人を祀ったもののようです。奥さんは漢民族もしくは鮮卑族の王族の出身者で、しかも仏教徒であったということが分かります。この犬については、こういう時代の影響を受けていると思いますが、中国の民間信仰の中で、死んだときに地獄の使いとして2人の獄卒が迎えにやってくるということで、その獄卒の頭が犬の姿をしています。

もう一つ紹介しますと、【図7】は、右半分の浮き彫りが天上界と地上界を表しているようです。上の方は腕が4本ある「ナナ」という女神で、2本の腕を上に上げて、太陽と月を支えています。下の腕は獅子の頭に置いて、下方の蓮華座に立つ2人の音声菩薩を見つめています。この音声菩薩は、東大寺の大仏殿の前にある八角灯篭に彫られている音声菩薩と少し似ている感じがします。下は地上界ですが、舞姫が舞って、楽団員が音楽に興じています。お葬式に音楽を奏でるということは、アラブの側からするととんでもないことです。しかし、お葬式に音楽を奏でることは、今も日本の仏教の宗派の中ではよく行われるので、これらも混淆なのか、元々両者ともあったのかという問題になるかと思います。

なぜこの浮き彫りを紹介したかといいますと、二月堂観音の光背の図様に似た場面があるからです。光背は8世紀半ばの作です。二月堂は17世紀の半ばに本尊もろとも一度焼けてしまいました。そのとき、断片状になった金銅製の光背を焼け跡から探し出して拾い集めました。光背の表側には千手観音が描かれてあり、裏側にも

【図8】
出典：平田陽子「二月堂観音光背毛彫図の復元について」『南都仏教』19号（南都佛教研究会編、1966）（一部加工）

線彫りがしてありますが、裏側を見ると、表側の千手観音の左右2本の腕が突き出て、太陽と月を支え持つという表現がされています。この場面は全体的には須弥山《しゅみせん》世界観を表しています【図8】。

3．大乗仏教の生成

三つ目のテーマは、肝心の大乗仏教とゾロアスター教がどういう関係にあるかですが、これはなかなか難しいです。表面的に似ているということで、いきなり「これはゾロアスター教の影響がある」と走ってしまうのはいかがなものかと思いますので、仏教の成り立ち、しかも大乗仏教はどうして生まれたのかということをおさらいしておいた方がいいのではないかと思います。

仏教は今から2500年前、インドの小さな王国の王子であったゴーダマ・シッダールタによって始められました。この方は6年の修行の後、それまで悩みに悩んできた「人間とは一体何者ぞ」という悩みにやっと回答を得られ、悟りを開き、ブッダになられました。それから100年余りして、西方世界の覇者となったアレクサンドロス大王がアケメネス朝ペルシアを滅ぼし、さらに東征してきます。その結果、広大な土地がヘレニズム文化で覆われました。しかも、エジプトからインドまで実に広大な土地で、それぞれの文化・宗教も違いますが、その土着の宗教・文化とうまく適合しながらヘレニズム時代を迎えました。その隙間を縫って、インドではマウリヤ王朝が興り、アショカ王がお釈迦さんの教えダルマに帰依し、仏法が説く平和の教えをヘレニズム諸国にも伝えようと、果てははるかエジプトにまで伝道使節を派遣しました。そういうことを碑文に書いて残しました。そのような碑文が西北インド、今のパキスタンからアフガニスタンにかけて点々と残っています。西方世界に仏教が伝わっていたという象徴的な証拠として、パルティアの王子が中国までやってきて仏典を訳したというような話があります。

ところが、そのマウリヤ王朝が滅亡すると、インドは周辺の異民族が次々と侵入する動乱の時代に入ります。しかも、それが数世紀にわたって続いていきます。まさしく、現在のアフガニスタンのような状態だったのかもしれません。そのような動乱のなかからイラン語を話すクシャーン族が紀元前1世紀後半に王朝を樹立し、第4代カニシカ王がバクトリアからアフガン東部、ガンダーラ、カシュミール、インドの西北部から中部のベナレスまで達する巨大な帝国を建設して、ようやく混乱が収まりました。

ところが、この混乱・動乱の時代に何が起こったかというと、ガンダーラを中心とする一帯は略奪・強盗・殺人が日常茶飯事となり、人々は塗炭の苦しみを味わいました。戦乱が収まった後も、残忍で貪欲だったカニシカ王の統治の下で、非常に苦しみました。そのときに、民衆はひたすら救いを求めて、お釈迦さんを祀ってある仏塔の周りを回って、ブッダの再来を願いました。

そのような民衆の願いに応えようと、主に在家の仏教者の中から、「自分の解脱よりも他人を救済しよう」という、後に「菩薩」と呼ばれる人たちがたくさん登場するようになりました。そして現実の苦しみからの救いを説きはじめました。救ってくださるブッダはどこにおられるのかということで、ある菩薩は、夜空に輝く星々を観察して突然、「宇宙にも地球上と同じような世界がたくさんあるのではないか。その星々の中にはそれぞれの世界の中で人々を救う仏陀がおられるに違いない」と思い至りました。これに似たようなブッダに対する考え方がさまざまに生れ、ブッダの数が飛躍的に増えます。つまり、時空を超えた過去・未来に存在する仏陀、永遠に存在する仏陀、十方のあらゆる世界に存在する仏陀など、新たな仏陀が誕生しました。そこで片仮名の「ブッダ」はお釈迦さん、ゴーダマ・シッダールタを象徴し、漢字の「仏陀」はそのような意味での、新たな大乗仏教における仏様と最近は使い分けています。

そのような新しい仏教が生み出されたのは、ガンダーラが中心です。そこには異民族がたくさん混淆して住んでいたので、ギリシャ文化、ゾロアスター教など多様な思想を含んでいました。仏教はさまざまな要素を取り入れて、とにかく「救済」を目指す大乗仏教として生まれ変わっていきました。そのような意味で、他からの影響も、表面的な影響でなく大乗仏教の生成の文脈で考えるべきではないかと思います。

大乗仏教の目覚しい興隆は、仏像の誕生で分かります。クシャーン朝時代の、ブッダを守るヘラクレスの像を見ると、金剛力士や執金剛神の起源がこのようなところにあることが分かります。

カニシカ王は、ギリシャ文字を使って土着のイラン語を表現するバクトリア語を公用語にしました。その証拠として、北アフガニスタンで発見されたバクトリア語仏教祈祷文書が挙げられます。

これは5世紀のものといわれています。上段の文字が元のギリシャ文字を使ったバクトリア語で、英語と漢字で訳を示しています。これを見ていくと、いわゆる仏教の「過去七仏」、釈迦を7番目とする過去七仏の信仰が見られます。

次いで大乗の菩薩たちが書かれています。問題は「南謨《なも》」もです。これはサンスクリット語で「帰依いたします」ということを意味します。それを名前の前にくっ

バクトリア語祈祷文（英語・漢訳付き）

1) **ναμωο σαρβο-βοδδανο[κι]δο τριρτ[•]- | νδαγινδ[ο]πιδο μαβαρο[　]ριζινδο**
□□□Ŭ□É to all the buddhas who(?) are……(and) will…in the future.
南謨一切諸仏……

2) **| ναμωο λωγο-ασφαρο-ραζο βο[δδο]**
□□□Ŭ□ÉÉ□□É□□□□ś□□□□Ü□Ũ□□É□□□□□□É
南謨世自在王仏

3) **ν[α]μωο | μαυακαβο βοδδο**
□□□Ŭ□É□□É□□□ā□āś□□□□ÛçÄÉ□□□□□□
南謨摩訶迦葉ÛçÄ仏

4) **ναμωο αβρ••ο βοδδο　|**
□□□Ŭ□ÉÉ□□……… □□□□□□
南謨………仏

5) **ν[αμω]ο δηβο-αγγακαρο βοδδο**
□□□Ŭ□É□□É□Ŏ□□ṃ□□□□É□□□□□□
南謨燃燈仏

6) **ναμωο ρ[α]σμο-ραζο | βο(δδο)**
□□□Ŭ□ÉÉ□□ÉRatnarŪśi(?) □□□□□□
南謨宝集(?)仏

7) **ναμωÛοÄ σακομανο βοδδο ***
□□□Ŭ□É□□ÉŚŪkyamuni □□□□□□
南謨釈迦牟尼仏

釈迦を7番目とする過去七仏

8) **λωγο-αÛσÄφαρο | βωδοσατφο ναμωο**
To Û□□□Ä□□□Û□□Ä□□□□□□É□□□□□□□□□□□ä □□□Ŭ□
観世音菩薩、南謨

9) **μητραγο βωδοσατφ[ο] | ναμωο**
To □□□□□□□ÉÉ□□□□□□□□□□□ä □□□Ŭ□É
弥勒菩薩、南謨

10) **βικραδο βωδοσατφο ναμωο**
To □□□□□□□□□Ũ□□ÛçÄÉ□□□□□□□□□□□äÉ□□□Ŭ□É
薬王ÛçÄ菩薩、南謨

11) **μανοσιρο βωδοσατφο ναμωοÉ**
□□É□□□□□śri É□□□□□□□□□□□Éä□□□Ŭ□
文殊菩薩、南謨　　（以下略）

大乗の菩薩たち

つけて、そして漢字では「南無」に変わっていきますが、祈祷の形式として、「称名」も確立されていたことが分かります。

ゾロアスター教など、西方の宗教が大乗仏教の生成に与えた影響についてはいろいろな説があります。その説に少し加担しようかと思って提示させていただくのは、『摩訶般若波羅蜜多経』というお経です。この原型は紀元前後頃にできたといわれていて、大乗経典の先駆的な存在です。増補が重ねられ、漢訳はたくさんありますが、そのうちの『大品般若経』の冒頭に、ブッダの説法座に大勢の比丘《びく》あるいは菩薩たちが参集するという場面があります。その参集した代表的な菩薩として、颰陀婆羅菩薩他22人の菩薩の名が挙げられ、その中には観音菩薩もいます。

『大品般若経』には『大智度論』という注釈書があり、これは大乗仏教の理論を大成したという龍樹《りゅうじゅ》の作とも伝えられています。この龍樹による注釈を見ると、「これらの菩薩たちには在家者と出家者がある」とか「颰陀婆羅居士菩薩はもと王舎城の人。宝積王子菩薩は毘那離国の人。星得長者子菩薩は瞻波国の人。導師居士菩薩は舎婆提国の人。那羅達婆羅門菩薩は弥梯羅国の人」など、菩薩たちの出身地を挙げたところもあります。そのような中に「観世音菩薩等は他方の仏土より来られた」という注釈が付いています。その「観世音菩薩等」とは、元の『大品般若経』を見ると、観世音菩薩、文殊師利菩薩、執宝印菩薩、常挙手菩薩、弥勒菩薩の5人の菩薩であると復元できます。

「他方の仏土」とは、インド固有の土地以外で仏教が既に流布していた地域を指すと思われます。具体的には、ガンダーラを中心とする西北インドからバクトリア、中央アジア、果てはイランにかけてが考えられ、とにかく彼らが西方の文化や宗教観を持ち込んだ可能性は高くなります。「他方の仏土」出身者とされた5菩薩のうち、観世音菩薩、文殊師利菩薩、弥勒菩薩観音の3菩薩は、先述のバクトリア語祈祷文書にも出てきました。

観世音菩薩がインド以外のところから来られたということから、観世音菩薩とゾロアスター教にも出てくるアナーヒター女神を結び付ける説もあります。

ここでは、文殊菩薩と並んで、弥勒菩薩が他方仏土出身者として注釈されているのが非常に注目されます。というのは、弥勒菩薩はゾロアスター教の救世主思想から着想を得たとする説があるからです。

ゾロアスター教と大乗仏教との関係を総括すると、菩薩たちの何人かはインド以外の出身者から成っていて、しかも無数の菩薩がいたということですので、代表的な菩薩もしくは出家者の下で小さな宗教集団が組織されて、原始大乗経典を育てていったと考えられます。その過程を考えると、やはり大乗仏教の発展は仏教史として独自なものと言えると思います。ただ、ゾロアスター教との関係について言うとすれば、造形や儀礼という具体的な表現の上で影響を受けたことは否定できないのではないかというのが私の考えでございます。

ご清聴ありがとうございました。

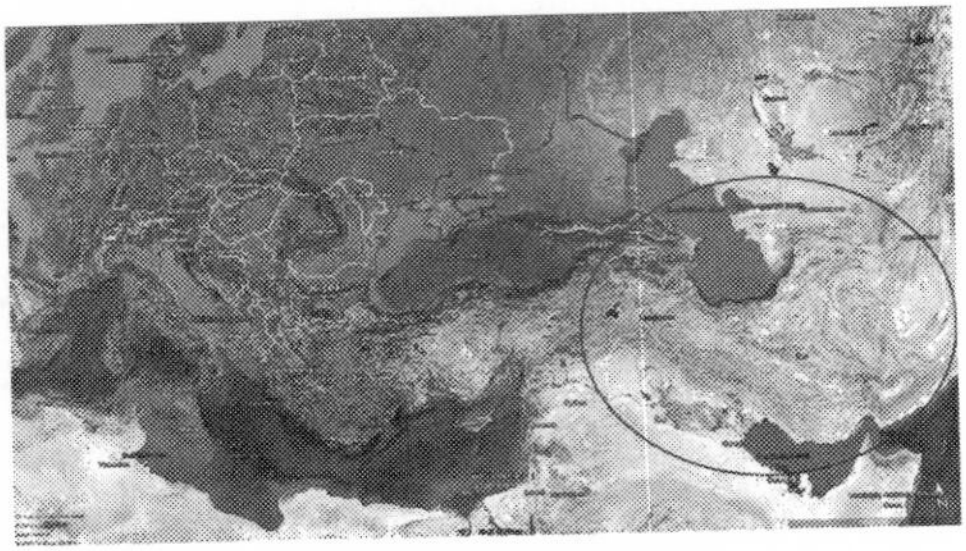

9世紀のゾロアスター教
—関係文献の作成とイスラームとの相互影響—

キャーヌーシュ・レザーニヤー

文献学者はイランの言葉を三つの時期に分けて考えます。まず、紀元前１３００～１２００年ぐらいの古代ペルシア語、次に中世ペルシア語、そして紀元800年から現代までの近世ペルシア語です。中世のイランの言葉の一つに、中期ペルシア語があります。これはイラン西部で話されていた言葉です。この言語には80万語ほどがありました。中世ペルシア語のコーパス（文書群）は、古代と中世のコーパスの中でも最も豊かなものです。幾つか例外はありますが、これらの文書は次のように分けて考えることができます。まずゾロアスター教の文書、マニ教の文書、行政文書、サーサーン朝とサーサーン朝以降の碑文、そして物語の文書です。この中でも最もたくさん残っているのが、ゾロアスター教の中世ペルシア語のサブコーパスです。これが中世ペルシアのコーパスの88パーセントを占めています。マニ教と中世のペルシア教の文書がその次に続きます。おそらく、これらは全体の５パーセントを占めていると私は推測しています。残りの７パーセントは他の三つのグループで占められています。

この中世ペルシア語は、さまざまな異なる文字が使われました。例えばマニ教の文書ではマニ教の文字が使われていましたし、ゾロアスター教の物語や行政文書は

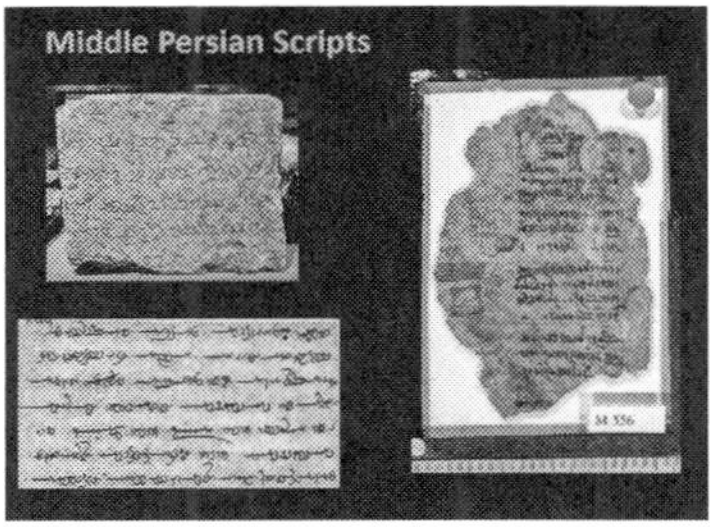

【図1】

パフラヴィーの文字が使われていました。このパフラヴィー語は他の二つとは異なっています。これらはパピルスや羊皮紙などに使われていました。この初めの二つについては写本という形でした【図1参照】。

ゾロアスター教の中世ペルシア語のコーパスには、およそ72万語が含まれています。そして次のジャンルが含まれています。まずザンド(Zand)の文学、これはアヴェスターの翻訳、注釈です。二つ目がザンドの文献から直接取ったもの、三つ目が神学関係のもの、四つ目が知恵文学、五つ目が物語、最後は非ゾロアスター教の文字です。

中世ペルシア語のコーパスにおける、ゾロアスター教文書と非ゾロアスター教文書の比率を見ると、かなり衝撃的です。ゾロアスター教の文書が97.2パーセントを占めているのに対して、非ゾロアスター教の文書は2.8パーセントしかありません。

ここで疑問となるのが、なぜゾロアスター教の儀式がサーサーン朝までこれほどわずかしか残ってこなかったのかということです。現在、知恵文学においては、15のサーサーン朝の本が中世ペルシア語からアラビア語に翻訳されています。その一方で、知恵文学のアラビア語への翻訳は非常にたくさんあるのですが、ゾロアスター教については残っているものは三つしかありません。

中世ペルシア語の非ゾロアスター教文書が非常に少ないということは、どういうことを意味するのでしょうか。つまり、ゾロアスター教の神官のコミュニティは、非常に宗教的な文書にエンゲージ(携わる)していたということです。イスラーム初期に使われた中世ペルシア語の文書は、ゾロアスター教の文書の半分以上を占めています。ほとんどが神学的なものです。一方でサーサーン朝では多くの非ゾロアスター教のものが残っており、ゾロアスター教の神学の伝統は、ゾロアスター教の神学や贖罪の文書に非常に深く関わっているということです。

それ自体は驚くべきことではありませんが、逆に驚くべきことは、イスラム教やゾロアスター教の伝統がサーサーン朝の遺産にどのように関わってきたのかということです。ここには非常に大きな違いがあります。サーサーン朝の文化が、いかにイスラム教の文化に融合していたのか。一方で、ゾロアスター教の神学のコミュニティでは、ゾロアスター教の中世ペルシア語のコーパスは、あまり融合が進まなかったということが言えるのかもしれません。

イスラーム初期においては多くの翻訳がなされました。特にアッバース朝の時代に大きな翻訳の動きがあったと考えられています。その基となった言語が中世ペルシア語だとされています。しかし、それがどの程度のものだったのかを特定するのは難しいと言えます。サーサーン朝の文化の遺産との関わりは、イスラム初期における翻訳・伝承に限ったことではありません。サーサーン朝が有するマテリアル（素材）を融合する形で、イスラム教の伝統が続けられていきました。このように伝統をつくっていくということは、三つのカテゴリーに分けることができます。まず、サーサーン朝の文献からの脱ゾロアスター教、イスラーム化、最後にサーサーン朝とイスラム教を融合するということです。

アラビア語の翻訳と中世ペルシア語の比較を行うことによって、イスラム教がいかにサーサーン朝の文字をイスラム教に取り入れていったのかがよく分かります。その過程では、イスラム教に合わせるためにゾロアスター教の良さが排除されていきました。サーサーン朝の文化からテキストを削除するのではなく、イスラム教に合った言葉を探すというプロセスがなされました。それによって、脱ゾロアスター教がなされたのです。アラビア語の翻訳というのは、元々の中世ペルシア語をそのまま訳したものではありません。しかし、ゾロアスター教のフレーズは、アラビア語においては全て排除されています。

多くのムスリムの歴史家が、イスラーム以前のさまざまな視点をイスラームの歴史に組み込もうとする動きがありました。イスラームの歴史家は、古代イランをイスラームの予言に組み込み、そしてサーサーン朝の歴史などもイスラーム世界の歴史の一部として組み込みました。イランの歴史とイスラームの歴史を結び付けるのには、主に三つの方法が使われました。

一つ目は、イランの歴史的な事件や王朝の歴史をイスラームの予言者であるノアと結び付けることです。これによると、イランの歴史はこの予言者までさかのぼることになります。つまり、ペルシア人は洪水の後、ノアと共に他の種族と隔てられた民族の末裔とされます。

二つ目は、ペルシアの歴史をアブラハムに結び付けることです。そしてペルシア人はそのアブラハムの子孫とされます。

三つ目は、イランの過去をイスラームの予言につなげることです。ゾロアスターの宇宙観によると、最初の人間であるガヨーマルトは、空、水、大地、草木、動物に続く6番目の創造物であったとされます。悪神アーリマン（アンラ・マンユ）がオフルマズド（アフラ・マズダー）の創造物を襲ったことで、ガヨーマルトも30歳で命を落とします。このガヨーマルトの死によって、ゾロアスター教徒は、再生の時が来るまでは人間は寿命を抱えて生きる生き物になったというように信じています。

ガヨーマルトは、命を落とす際に自らの精子を大地に与えました。40年後、マシュヤグとマシュヤーナグという人間の男女がルバーブ[注1]の茎から誕生します。この3人をイスラム教における人類誕生の歴史に取り込もうとした流れが見られます。ガヨーマルトはペルシア人もしくは人類の祖先、つまりアダムと同列とされています。また、このガヨーマルトの別名がアダムとすらされることもあります。

もう一つの統合のプロセスとして、サーサーン王朝の歴史とイスラームの予言を結び付ける方法があります。サーサーン朝をイスラームに取り込もうとする方法として、王権をイスラームの政治理論や教義につなげようとする動きがありました。典型的な例が、現代イランのシーア派に見られる教義です。9世紀以降、サーサーン朝とイスラームの伝統をつなげようとした試みが見られます。シーア派第4代イマームの母をヤズデギルド3世の娘とする記録などがあります。

シーア派では、イマームは二つの光を持つものとされています。その二つの光とはイスラームの予言とペルシアの王権とされています。第4のイマームは特に二つ

注1．シベリア南部原産の毎年育つ多年草。食用とされている。和名でショクヨウダイオウ（食用大黄）など

の光の所有者として描かれています。他にもシーア派には、イスラムの伝統とサーサーン朝の歴史を結び付けようとする試みが見られます。

私たちは大学で、アジア・ヨーロッパ間の宗教史のダイナミクス（変遷）というプロジェクトを行っています。その中で特にアジア・ヨーロッパ間の宗教観の関係性を調査しています。われわれの主な仮説は、ユダヤ教、キリスト教、イスラム教、仏教、ゾロアスター教、儒教という区別は最初から存在したわけではなく、主な宗教的伝統の形勢や広がりは、相互に影響し、関係しながら起きてきたものだというものです。

イスラーム初期におけるゾロアスター教の発展は、まさにそういう宗教観で関わり合ってきたものの代表例です。ゾロアスター教は二元論でよく知られている宗教です。善神であるアフラ・マズダーと悪神であるアンラ・マンユが存在するとされ、その二元論はイスラーム時代になっても残っています。しかし、特筆すべきは、サーサーン朝時代にはこの二元論は見られないことで、このことからイスラーム初期に二元論が形成されたと考えられます。そこで、どのような変化、背景によって、ゾロアスター教にこの二元論の考え方が生まれたかという疑問が生まれます。イスラーム初期になぜゾロアスター教が二元論になったのでしょうか。

イスラム教ほど厳格な一神教は他にないと思います。イスラームは唯一神の存在を全ての前提として考えています。イスラム教学者は、唯一神以外の神的存在という概念を全く受け入れず、それがイスラム教の大原則の一つとされています。

サーサーン朝時代のゾロアスター教徒らは、一元的な宇宙観を持っていました。

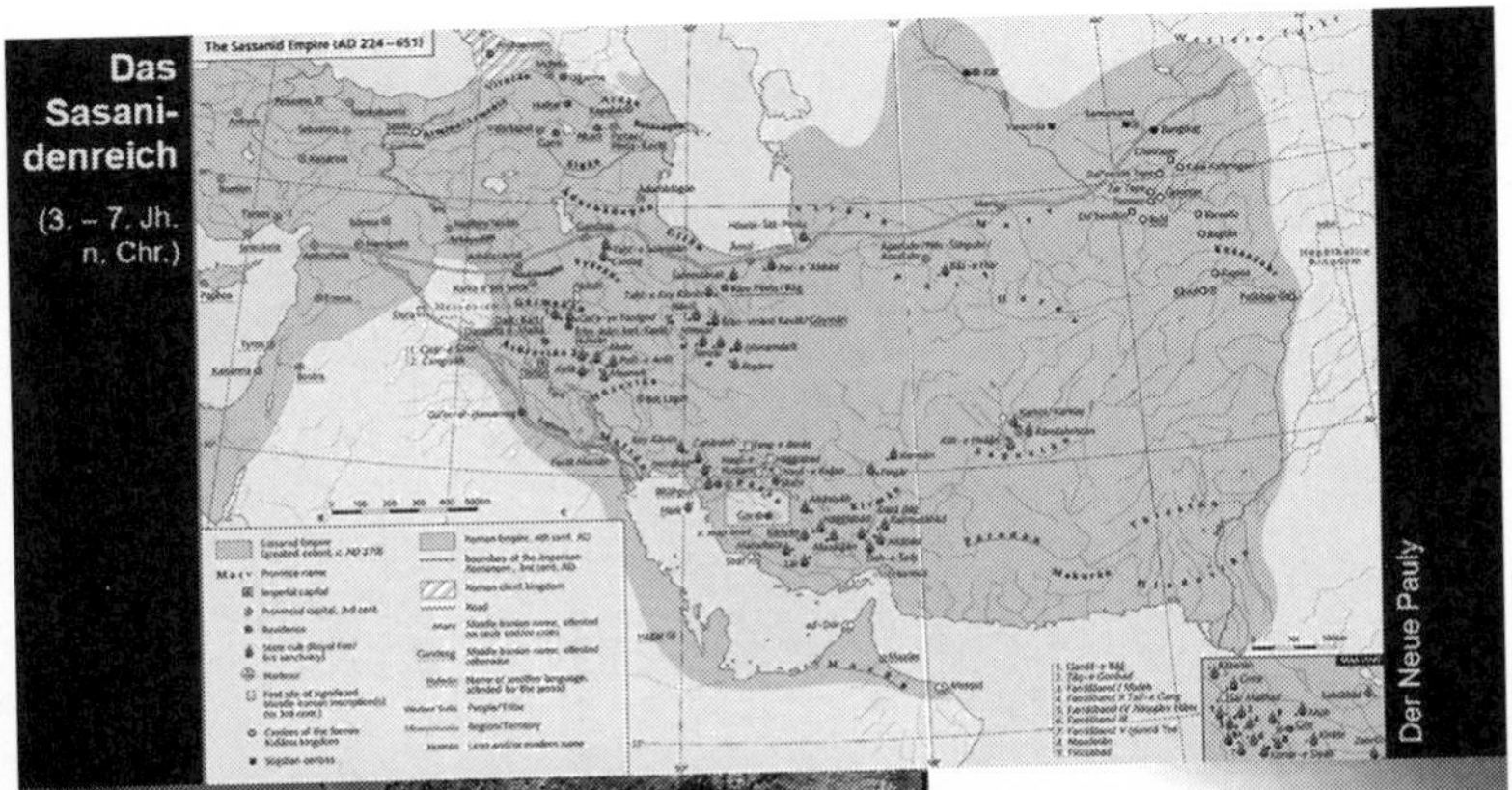

そもそも永遠が全ての起源として存在していて、そして善も悪もその同じ唯一の永遠から生まれた双子の存在だと考えていました。つまり、善神・悪神は元々存在したものではなく、永遠が年、月、時間といった時間に切り分けられた際に副産物として生まれたものとされています。そして、元々あった永遠のみが宇宙の起源であると考えられていました。しかし、イスラム教は一神教であるため、ゾロアスター教はイスラム教と遭遇することによって、初めてその特徴としての唯一神との摩擦が起きます。その対応として、イスラーム初期においてゾロアスター教は一神論から離れ、その宇宙観からも一元論を排除したと考えられます。つまり、当時のゾロアスター教徒やゾロアスター教学者は、イスラームと自らの教義を区別するために二元論を強調したのではないかと考えられています。その結果、イスラム教の一神論に対するゾロアスター教の二元論が教義として確立されるに至ったと考えられます。

　イスラム教とゾロアスターの伝統を比較してみると、イスラム教は他の宗教に対して包摂的な立場を取り、いろいろな要素を取り込んでイスラム教の教義自体を拡大していったと考えられます。知恵文学のジャンルで、パフラヴィー語の論文の翻訳を見ると、聖典等も同じように内容が広がっています。それに対してゾロアスター教徒らは反対に、ほとんどはサーサーン朝時代からの伝統を排除して、文献をゾロアスター教の中で広げて伝えていかなかっただけでなく、サーサーン朝の歴史や教義をゾロアスター教に組み込んで、つないでいこうということが全く見られませんでした。逆にゾロアスター教は、その当時、新しい神学的な経典を創り出すことにより、サーサーン朝時代になかったゾロアスター教の新しい教義や考え方が出てきて、唯一神のイスラム教に対して、悪神アフリマン（アンラ・マンユ）、善神オフルマズド（アフラ・マズダー）という二つの神を持つ二元論としてのゾロアスター教が発展してきたと考えられます。

サグディード考
―ゾロアスター教の臨終祭式とそのシルクロードにおける波及―

張　小貴

今日、私はゾロアスター教の臨終の儀式についてお話ししたいと思います。お話しする内容は、碑文について、サグディードの儀式について、中国におけるソグド人についてです。

ゾロアスター教が中国に、そして中央アジアにもやってきたという歴史があります。最近の考古学的な知見によると、ソグド人の子孫が中国にいたということが示唆されています。また、犬に関する儀式についてもお話しをしたいと思います。犬はソグド人の儀式において、大きな役割を担っています。しかし、包括的な理解についてはまだまだできていないところがありました。先行する研究に基づいて、今回の発表では、ゾロアスター教やサグディードの儀式がどのように変化してきたのか、また、さまざまな考古学的な知見についてもご紹介したいと思います。

パフラヴィー語である「Sagdid（サグディード）」の、sagは「犬」、didは「見る」という意味です。死体は沈黙の塔に運ばれますが、その際に犬が死体を見つめるという儀式がなされます。これによって遺体が浄化されると考えられています。そうすることによって、死人は天国や地獄に行くということになります。この儀式にお

【図1】沈黙の塔（イラン）

いて、犬は非常に大きな役割を担っています。これは悪と善の二元論とも結び付いていています。なぜ犬がそれほど大きな役割を果たしているのでしょうか。（イギリスのイラン語群学者で、ゾロアスター教の権威であった）メアリー・ボイス（Mary Boyce）先生はこのようにおっしゃっています。

> 犬は人間と非常に深い関わりを持ってきた。馬に乗る習慣は当時知られていないので、牛を引いていたに違い。犬も非常に大きな役割を果たしていた。この二つの動物、牛と犬は大きな役割を担った。ただ単に日常生活を一緒に営むだけではなく、信条や儀式にも大きな役割を果たすようになってきた。

サグディードの儀式においては、四つの目を持つ犬が使われます。四つの目を持つ犬とは、目の上に斑点がある犬のことを指していると思われます。目の上の斑点だけ違う色が付いているので、これが四つの目と解釈されているようです。

メアリー・ボイス先生の「A Persian Stronghold of Zoroastrianism」には、約50年前の現代イランで行ったフィールドワークのことが書かれています。イランのSharifabadという村に多くのゾロアスター教徒がここに住んでいました。彼らも犬を飼っていて、サグディードの儀式にも犬が使われていました。誰かが亡くなると、家族は神官に来てもらい、神官がnirang（牛の尿）を死体にかけます。これによって死体が浄化されます。さまざまな儀式のための道具がそろうと、人々はサグディードの儀式を始めます。その後、死体が沈黙の塔へと運ばれます。そして、魂のため

【図2】沈黙の塔（インド）

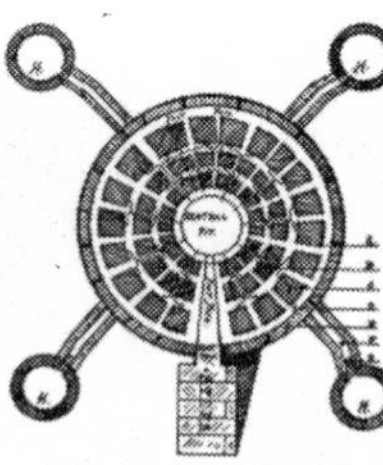

Ground Plan, Towers of Silence, Malabar Hill, Bombay

の祈りの言葉が捧げられます。その後、死体は沈黙の塔の棺に移されます。そこで、犬が最後のサグディードをします。【図1】が沈黙の塔の写真です。現在のイランに残っているものです。

インド系のパールスィーのサグディードについて説明します。全てのGah（世俗的時間と異なった時刻）ごとにこの儀式が行われます。その後、死体が沈黙の塔まで運ばれていきます。夜に死体を運ぶことは禁じられています。もし夜に亡くなった場合は、次の日の朝に運ばれます。朝早く亡くなった場合には、午後から沈黙の塔へと運ばれていきます。サグディードの儀式が行われた後、沈黙の塔へと運ばれるのは、イランの儀式と同様です。違いがあるとすれば、サグディードの儀式に関わる人々です。【図2】がインドの沈黙の塔の写真です。また、イランとパールスィーの人々では、サグディードの儀式の行われ方にも違いが見られます。

イランとインドに加えて、ソグド人が住む地域である中央アジアも、ゾロアスター教の人気があった、重要な場所です。ソグドの人々はシルクロードを通って、中国にこの宗教をもたらしました。そこでは祆教と呼ばれました。ソグド人の祆教ではどのような儀式がなされているのでしょうか。ボーマン・N・ダハール（Boman. N. Dhabhar）氏の「The Persian Rivayats of Hormazyar Framarz and others: their version with introduction and notes」によると、ソグディアナのサマルカンドのゾロアスター教徒が、沈黙の塔が壊れて、新しい沈黙の塔ができた中でどのようにし

【図3】レリーフ（儀式の様子）

【図4】納骨堂

て儀式を行えばいいのかペルシアの神官に聞いたところ、神官は「沈黙の塔の中に石を入れて、儀式を行った後で、遺体をそこに安置する」と答えたということです。これが考古学的にソグド地方の沈黙の塔について書かれた記録です。

【図3】の写真のように、骨壺のようなものがあって、神が杖を手に持って儀式を行っている、つまり、それぞれの魂の審判を行っている様子がレリーフとして描かれています。

【図4】は遺骨を入れる納骨堂で、8世紀ぐらいのものです。

考古学的な文書を見ていくと、ソグドとアジアの教徒の間で、葬送の儀式に非常に共通点があることが分かりました。中国の歴史では、かなり記録が残っている部分があります。『通典』の7世紀ごろの記述を見ると、200世帯ぐらいがサマルカンドの周りに住んでいて、葬送の儀礼等を執り行っていたと書いてあります。彼らは囲いを造って、その中で犬を育てていました。人が亡くなると、その遺体を持っていき、その犬の囲いの中に入れ、犬にその遺体を食べさせて、その肉が食べられた後に残った骨を集めました。次に、棺桶なしで埋葬されるというように書いてありますが、ここはもしかすると記述の間違いかもしれません。いずれにしても沈黙の塔の中に安置されます。

パリの博物館にある敦煌の壁画では、2人の女性が向かい合って座っています。左側の女性が手に盆を持ち、その上に犬が乗っています。右側の女性がヘビを持っていて、犬かオオカミのような動物がそばに座っているというものです。研究者に

【図6】ゾウの絵
（9世紀のレリーフ）

【図5】「Fu family」
（9世紀のレリーフ）

よると、この2人の女性はソグド地方のゾロアスター教の神であるとされています。

アスターナ古墳で見つかった6世紀の記述を見ると、寺院では毎月、犬と神を崇拝する儀式が行われているということが書かれています。研究者によると、これもやはりソグド地方のゾロアスター教の伝統に関係があるとされています。これがシルクロードを通って、中国の西部に持ち込まれたのだろうとされています。

考古学的に、絵やレリーフを解析してみると、さまざまなことが分かります。1971年に発見された「Fu family」は9世紀のレリーフです【図5】。4頭の馬が描かれています。この4頭の馬が、小さなお堂のようなものを運んでいます。このお堂は恐らく石棺ではないかといわれています。左側に馬の前にいる犬が描かれています。お堂の形と犬が1匹いるということから、これはゾロアスター教の葬送の儀礼を表しているのではないかと見る研究者もいます。また、これはサグディードの2番目の儀式と3番目の儀式の間に遺体が運ばれている様子ではないかともいわれています。

【図6】は八つ目の石に描かれているもので、象の絵です。象が台座を担いでいます。これはhamaspathmaedaya（※年

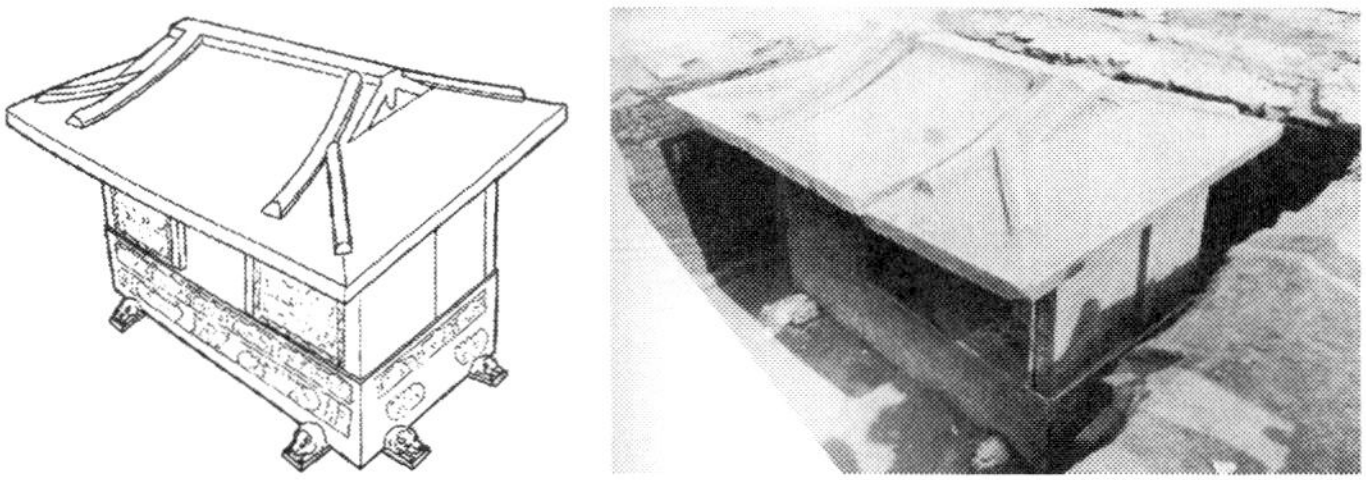

【図7】虞弘（Yuhong）の乾漆石棺

末10日間のゾロアスター教の祭典）だと言う人もいますが、私はそうは思いません。これはゾロアスター教と関係ないと思います。

【図7】は、虞弘（Yuhong）の乾漆石棺です。台座の真ん中にレリーフが描かれています（【図8参照】）。2匹の半人半鳥が火の祭壇を守っています。これはゾロアスターに関連したものだと思います。

【図9】は2頭の犬です。耳が尖っていて、鼻先もとても尖っています。1頭が馬の前を走って振り返っています。もう1頭の犬は馬の横を、尻尾を上げてゆっくりと走っている形です。2頭の犬と馬がいることが葬送の儀礼を表しています。ミトラによる最後の審判の様子ではないかと言う研究者もいますが、この2頭の犬とゾロアスターの葬送を関連付けるためには、もっと証拠が必要だとされています。

史君（Shijun）の石棺にも鳥が描かれています【図10、11】。

神がこの囲い中に座っています【図12】。その下には丘のような坂道があって、緑で配色されています。丘の横には犬が2頭いて、地面に横たわり、お互いを見ています。神官が2人立っています。これもやはりゾロアスターの葬送を示しているとしたら、サグディードの儀礼の後か前ということになります。

最後に、ゾロアスター教のサグディードは、葬礼とつながりがあります。レリーフに描かれている犬が全てサグディードに関連するかどうかは分かりませんが、少なくとも中国のソグド地方からのゾロアスター教徒は、この宗教の伝統を守っていたということが分かります。ゾロアスター教は非常に保守的な宗教なので、文献や考古学的な調査から出てくるもの以上に、他にもまだたくさん証拠は残っているのではないかと思います。この少ない情報から、これらの習慣が、当時、中国の社会と文化に影響を与えたかどうか結論付けることは難しいです。

【図8】火の祭壇（【図7】台座のレリーフ）

【図9】二頭の犬（【図7】台座のレリーフ）
※右図は左のレリーフを書き出したもの

【図10】史君(Shijun)の石棺

【図11】史君(Shijun)の石棺

【図12】

中央アジアのゾロアスター教と奈良

青木　健

ペルシアのゾロアスター教と中央アジアのゾロアスター教

２０１５年のフォーラム（奈良県立大学ユーラシア研究フォーラム２０１５「古代ペルシアからの贈り物――『ゾロアスター教』と奈良の文化」２０１５年10月17日開催）でご説明致しましたとおり、１９７３年～74年に松本清張が『火の路』で描き出しましたような形で、イラン高原の最西端に当たりますペルシア州のゾロアスター教を、そのまま古代奈良と結び付ける訳にはいかないと存じます。ペルシア州と奈良の距離は余りにも遠く、ハカーマニシュ朝ペルシア帝国（紀元前550年～紀元前330年）と飛鳥・奈良（７～８世紀）では余りにも時代がかけ離れております。ゾロアスター教と奈良の関係を考察するに当たりましては、先ず以って距離を縮めるべく、シルクロード上でずっと東にございます中央アジア、ここで3世紀以降に栄えたゾロアスター教を比較の対象とし、それと奈良の文化遺産を照合すると云う手続きを踏むべきかと思います。

中央アジアと申しましても、大変広い地域です。最初に文明が開けましたのはバクトリア（アフガニスタン北部～ウズベキスタン南部のアム・ダリヤー川流域）ですので、とりあえずこの地域のゾロアスター教が問題とされねばなりません。しかし、バクトリアでは伝統的に大乗仏教の影響が強く、ゾロアスター教の存在はクシャーナ王朝下の図像や貨幣などから推知されるに過ぎません。現在のタジキスタンを旅すると一目瞭然ですが、バクトリアと接続する南部ハトロン州は仏教遺跡の世界であるのに対し、北部ソグド州や東部ゴルノ・バダフシャーン州は、ほぼゾロアスター教遺跡の世界でございます。ですので、バクトリアの宗教を研究する場合は、どうしても外来の大乗仏教の方が前面に出て参りまして、どのようなタイプであれ、土着のゾロアスター教は主題になりにくいところがあります。

因みに、大乗仏教はバクトリア（2世紀以降はトハーリスターンと呼ばれたようです）で栄えましたが、この際、土着のゾロアスター教の要素が反映している可能性が指摘されています。例えば、未来に於いて衆生を救済するマイトレーヤ（弥勒菩薩）の登場は、ゾロアスター教の救世主サオシュヤントの影響かも知れません（Rosenfield 1967）。そうだとすると、日本人は、広隆寺の半跏思惟像を拝みつつ、間接的にゾロアスター教の救世主を崇拝している訳です。また、永劫の光の中にあるアミターバ（無量光仏、無量寿仏）は、ゾロアスター教の時間神ズルヴァーンの転化ではないかと推定されています（de Mallmann 1967）。そうだとすると、浄土真宗で本尊とされる根本仏は、実はゾロアスター教ズルヴァーン主義の影響下に成立したことになります。もっとも、いずれの説も極度に思弁的な考察から導かれた推論でして、確実な証拠を欠いております。バクトリアのゾロアスター教の概説としましては、Rosenfield 1967とGrenet 2015をご参照下さい。１９９０年代にバーミヤーンで発見されたスコイエン・コレクションの解読が進みましたら、また新事実が出てくるかも知れません。

バクトリアの大乗仏教からソグドのゾロアスター教へ

4世紀～5世紀に、バクトリアがフン族の侵入によって衰退して以降、シルクロードの商業活動の原動力として、ソグド人が初めてクローズアップされて参ります。そして、ソグド人はバクトリア人とは違い、それほど外来の仏教信仰を受容せず、先祖伝来のゾロアスター教信仰に留まっていたようです。ゾロアスター教研究者の目から見ますと、両者は同じイラン系の民族ですが、先祖の宗教をそのまま継承したソグド人の方が素直でして、外来の大乗仏教を受容したバクトリア人の方が相当変わった人たちのような気がします。このソグド的ゾロアスター教の概説としては、Henning 1965、Humbach 1975、曽布川・吉田　２０１１年をご参照下さい。

以下では、このソグドのゾロアスター教の特徴を、ペルシアのゾロアスター教との対比の上で、順次挙げていきたいと存じます。

①多神教

「ソグド的ゾロアスター教」は、「ペルシア的ゾロアスター教」とは違って、アフラ・マズダーだけを排他的に信仰する教えではなかったようです。ソグド図像研究の教えるところによりますと、ゾロアスター教カレンダーに登場する30柱の神々のうち、23柱が、ペンジケント出土のソグド美術の中で同定されております。特徴的なのは、アフラ・マズダーの他に、ミスラとバガも盛大な信仰を集めていた点です。更に、(ソグド語は子音表記だけで示す慣例があるのでローマ字表記致しますが)火神nryshnx、ハオマ神γwm、光輪prn、月神m'x、閻魔ymyhなど、かなりの数の神格が認められていましたし、ザラスシュトラZrwshaも一種の神格に祀り上げられていたようです。

また、これらの神々が、ヒンドゥー教の神々と混淆している——何と言っても、ソグド人は交易の民です——状況は、ソグド語仏教文献『ヴェッサンタラ・ジャータカ』から知り得ます(Humbach 1975)。

そこでは、

・ブラフマー＝ズルヴァーン

・インドラ＝アードヴァグ

・マハーデーヴァ＝ウェーシュパルカル(空間・風の神格ヴァーユのソグド語形)

とする三つ組みの対応関係が示されております。このように、古代イラン民族が崇拝していた諸神格を、ヒンドゥー教の神々と習合させて、緩やかにゾロアスター教の中に包摂している点が、「ソグド的ゾロアスター教」のパンテオンの特徴と言えるかと思います。

②偶像の崇拝

これに関連致しまして、「ソグド的ゾロアスター教」と「ペルシア的ゾロアスター教」の顕著な相違点として、偶像崇拝の有無が挙げられます。アラビア語・近世ペルシア語資料によりますと、ソグディアナには複数の「偶像の家」が存在しておりまして、これを仏教寺院と解釈するかゾロアスター教神殿と解釈するかは、長らく論争の焦点でした。アラビア語では偶像のことを「ブト（but）」と申しますので、「ブトの家」と言われますと、「（単なる）偶像の家」なのか、「仏像の家」なのか、わからないところがございます。しかし、ペンジケント（パンジケント）で発見されました5～6世紀の壁画には、ゾロアスター教神官が拝火儀礼を執行している図の他に、ミスラ神、ナナイ女神、光輪などの宗教表現が見出されておりますので、ゾロアスター教の偶像崇拝寺院があったことは確定しております。

つまり、サーサーン王朝時代初期に大規模な偶像破壊運動を経験したペルシア州とは異なりまして、ソグドのゾロアスター教では、ヘレニズム時代から持ち越した偶像崇拝が後年まで維持されているものと思われます。この為、ソグドのゾロアスター教神殿にしましても、ペンジケントの2つの神殿に典型的に見られますように、「偶像の前で聖火を祀る」という折衷的な方策を採っていたと考えられております（Shkoda 2009）。

③埋葬法

ソグドのゾロアスター教徒の埋葬法は独特です。サマルカンド、ペンジケントなどのソグド人墓地からは、アラビア語でナウスという石室の中に納められた、死者の遺骨を入れる陶製のオスアリ（ロシア人考古学者の造語で「納骨器」）が発掘されております。これによって、彼らが遺骨だけを分離して収容するペルシア風の葬法をとっていたことが確認されました。

しかし、ペルシア州では、遺骨は摩崖の横穴に収容して太陽光線で乾燥させたのに対しまして、ソグドでは納骨器オスアリに収納し、それを更に石室ナウスに収納致します。その理由は不明で、単に摩崖の絶壁に横穴を掘るような自然条件に恵まれていなかっただけかも知れませんが、中央アジアに本来的な土葬の形態を残している可能性もあります。

④最近親婚

ソグドのゾロアスター教徒たちの間に、ペルシアのゾロアスター教の影響が及んだと見られる事例は、もう1つございます。紀元前4世紀末には、ナウタカ（現在のシャフレ・サブズ）の総督が、最近親婚を実践していたことが知られています。また、1965年には、サマルカンドを訪れた高句麗人使節の壁画が発見されていますが、726年にここを通り掛かった新羅人仏教僧の慧超（704～787）は、著書『往五天竺国伝』（ペリオが敦煌で発見した）の中で、「ソグド人は母親や姉妹を妻にしている」と書き残しています（Fuchs 1938）。これが一般のソグド人の間で普遍的な婚姻形態だったのかどうかは定かではありませんが、生活文化の面では、「ソグド的ゾロアスター教」は、「ペルシア的ゾロアスター教」と同様の「最近親婚」規範を保持していた可能性が高いと思われます。

⑤葬具のレリーフ

偶像を否定しなかったソグド人は、中国華北のソグド人コロニーの葬具にも、様々なレリーフを残しています。以下では、Grenet, Riboud and Yang 2004を参考に、それらのレリーフから読みとれる内容を概観してみましょう。

・拝火壇に向かう神官は、下半身が鳥の姿で表現されることが多いです。ウルスラグナ神の図像表現と解釈されていますが、このような表現技法はペルシア州では確認されていません。

・死者がチンワトの橋を駱駝に乗って渡るイメージが描かれています。ペルシアのゾロアスター教では、美しい乙女／醜悪な魔女の二重自己と連れだって渡ることになっているのと、大きな相違です。日常生活がキャラヴァンと切り離せないソグド人の感性の反映と解釈されています。

・葬儀の際には、耳を切る、髪を掻きむしるなどの自傷行為によって、悲しみを表現した様子が描かれています。これは、ゾロアスター教本来の教義では厳禁されている悲嘆表現です。

ソグドの土着宗教はゾロアスター教か？

多神教であり、ヒンドゥー教と同一の偶像を崇め、しかも埋葬法もペルシアのゾロアスター教とは違うと云うことになりますと、ソグドの宗教をゾロアスター教と称して良いものかどうかと云う疑問が出て参ります。しかし、文献上は、彼らの宗教はどうしてもゾロアスター教と見なくてはなりません。

ソグド語文献は、近年に至るまでマニ教、東方シリア教会、仏教に関するものが主で、ゾロアスター教関係の資料は発見されていませんでした。しかし、敦煌出土のマニ教ソグド語文書the British Library (BL Or. 8212/84) の中に、ザラスシュトラが齎《もたら》した3大聖呪の1つ、「アシェム・ウォフー」のソグド語訛りが検出されております (Gershevitch 1976, p.81)。これ自体は9世紀に属する断片ですが、このアシェム・ウォフーの発音は、紀元前6～4世紀頃のソグド語発音を反映していると推定されております。

現存する『アヴェスター』の中の「アシェム・ウォフー」は、サーサーン王朝時代にペルシアの神官団が書き留めた聖呪であり、6世紀のペルシア風発音です。そして、ペルシア風発音とソグド風発音を比較すると、ソグド風発音の「アシェム・ウォフー」の方が、ザラスシュトラ本人が発音していた聖呪の原型を保っております。ザラスシュトラの教えに特有の聖呪が古形を保って文献資料から確認された以上、ソグドの宗教がかなり以前から――多分、ペルシアよりもずっと以前から――或る種のゾロアスター教であったことには疑いを入れません。

また、別のソグド語断片では、ザラスシュトラの魂が昇天し、アードヴァグ（＝オフルマズド）と会話を始めます。更に別の断片では、ザラスシュトラが、天国での家族再会について、アードヴァグに質問しております (Grenet and Azarnouche 2007)。これらを総合すると、サーサーン王朝下で制定された欽定『アヴェスター』で散逸した部分が、逆にソグド語で書物の形に編集されていた可能性がございます。

これを裏書きするように、5世紀前半に造営されたペンジケントの壁画には、神官が何らかの聖典と解釈される書物を開きながら儀式を執行する姿が描かれていますが、おそらく、この書物がソグド語版『アヴェスター』に当たります。

西域～華北へ

このようなソグド的ゾロアスター教の担い手であるソグド人の中国来住は、広く知られております。彼らは、魏晋南北朝時代（220年～589年）から、国際貿易商人として西域に進出するようになっておりました。5世紀以降は、中国内地にもソグド人コロニーが増加し、キャラヴァンのリーダーを意味する「薩宝（サルトポウ）」がそのまま在地ソグド人のリーダーの意味に転じて、王朝の官職名になりました。時代が下って唐王朝時代（618年～907年）になりますと、これらのソグド人が齎す西域風文物――その背後にはソグドの文化、更にはペルシアの文化がありますーが、「胡風」と名付けられて流行致します。また、華北に定住したソグド人の側でも、中国人風の葬法を採り入れ、豪華な副葬品を残す習慣が発達しました。この「ソグド～西域～華北」を貫くソグド人ネットワークは、8世紀にソグド本国がアラブ人イスラーム教徒の侵攻で壊滅するまで維持され、ユーラシア大陸の東西を結ぶ架け橋として有効に機能したようです。

江南～奈良へ？

こうして、魏晋南北朝～唐代の華北までは、ソグド人が来華していたことが確認されました。しかし、これより以東へのソグド人――及び彼らのソグド的ゾロアスター教――の伝播については、現在のところ確定的な結論に至っておりません。

美術史的な研究によれば、建康（現・南京）郊外にある南朝梁代（502年～557年）の皇族陵墓のレリーフの幾つかには、上記のソグド的ゾロアスター教と同種のモチーフが確認されると申します（施　2004年）。しかし、ソグド人が交易の為に華北から建康まで来た可能性はあるものの、彼らのコロニーの遺跡は発見されておりませんし、ソグド人自身の墓ならともかく、漢民族の皇族の墓のレリーフにまで影響を与えていたかどうかは微妙なところがあります。また、実際のレリーフの解釈に関しても、（少なくとも素人である筆者の目には）仏教的な意匠にも見えるので、必ずしもソグド的ゾロアスター教と結び付ける必要はないかも知れません。

また、別の地方史研究によりますと、当時は江南最大の貿易港だった揚州の郊外の村には、ゾロアスター教徒の子孫と称する集団が居住しています（江都市昌松郷志編集領導小組　1995年）。彼らは、火を拝む儀式を行っていたと主張しますが、具体的な物的証拠は文化大革命で全て失われたとされるので、それがゾロアスター教起源の教えであるとの明証を欠きます。（この郷鎮の中央広場には、2004年現在、既にイラン・イスラーム共和国の友好記念碑が建てられていました。）

これらの中国でのゾロアスター教研究の進展と関連しまして、日本で1980年代に伊藤義教氏・井本英一氏・松本清張氏らによって唱えられた「ゾロアスター教徒来日説」にも、新たな検証が必要になりつつあります。6世紀頃に華北までソグド人ゾロアスター教徒が来ていたことは確実なので、彼らが中国江南、そして奈良まで達していたかどうか、改めて「ソグド的ゾロアスター教」の研究成果を消化した上で再検討しなくてはならないと存じます。

（本文了）

参考文献表

【欧文】

Fuchs, Walter 1938: "Huei-ch' ao' s Pilgereise durch Nordwest-Indien und Zentral-Asien um 726," ***SPAW***, 30, pp. 426-469

Gershevitch, Ilya 1976: "Appendix," ***IIJ***, 18, pp. 75-82

Grenet, Franz 2015: "Histoire et cultures de l' Asie centrale préislamique: Le fait urbain en Asie centrale préislamique: approche diachronique, approche synchronique," ***Annuaire***. Collège de France, pp. 507-534

Grenet, Frantz and Samra Azarnouche 2007: "Where are the Sogdian Magi?," ***BAI***, 21, pp. 159-177

Grenet, Frantz and Pénélope Riboud and Junkai Yang 2004: "Zoroastrian Scenes on a Newly Discovered Sogdian Tomb in Xi' an, Northern China," ***StIr***, 33: 2, pp. 273-284

Henning, Walter B. 1965: "A Sogdian God," ***BSOAS***, 28:2, pp. 242-254

Humbach, Helmut 1975: "Vayu, Śiva und der Spiritus Vivens in ostiranischen Synkretismus," ***Monunmentum H. S. Nyberg*** 1, Leiden, pp. 397-408

de Mallmann, M.-T. 1967: *Introduction à l'étude d'Avalokiteçvara*, Paris
Rosenfield, John M. 1967: ***The Dynastic Arts of the Kushans***, The University of California Press

【日本語】
曽布川寛・吉田豊　2011年：『ソグド人の美術と言語』、臨川書店
奈良県立大学ユーラシア研究センター　2017年：『ゾロアストリアニズムと奈良・飛鳥文化を探る。【Ⅱ】』
奈良県立大学ユーラシア研究センター　2018年：『ゾロアストリアニズムと奈良・飛鳥文化を探る。【Ⅲ】』

【中国語】
施安昌 (Shi Anchang) 2004年：『火壇与祭司鳥神—中国古代祆教美術考古手記—』、北京
江都市昌松郷志編集領導小組 (Jiangdoushi Changsongxiangzhi Bianji Lingdao xiaozu) 1995年：『昌松郷志』、南京

林董
（国立国会図書館
「近代日本人の肖像」）

「ゾーロストル」かく語られき
――林董訳『火教大意』（1883）の斜め読み

中島　敬介

はじめに

〈ツァラトゥストラかゾーロストルか〉

其人の生涯の事に就ては何事も知ること能はすと雖ともゾーロストルと云へる人の世に在りしことは疑を容れす彼人は広漠なる土壌と種々の人種と久き星霜との際に其優遇なる知識の名誉のみを留めたり〔以下、本稿での〔　〕書きは原文の割注：彼の人終世の事業如何なりしかを知らすと雖も其優邁なる知識ありし名誉は万年の今日に至るまても尚ほ数多の国土億万の人民の中に留まりたりと云意なり〕

ドイツで「ツァラトゥストラ」が自らを雄弁に語り尽くす前、すでに日本では「ゾーロストル」の名で、慎ましく語られていた。

語り手は林董《はやしただす》（１８５０‐１９１３）。明治期の日本を代表する外交官である。日英同盟に辣腕をふるい、日本人初の「大使」となった人物で、後には外務大臣に

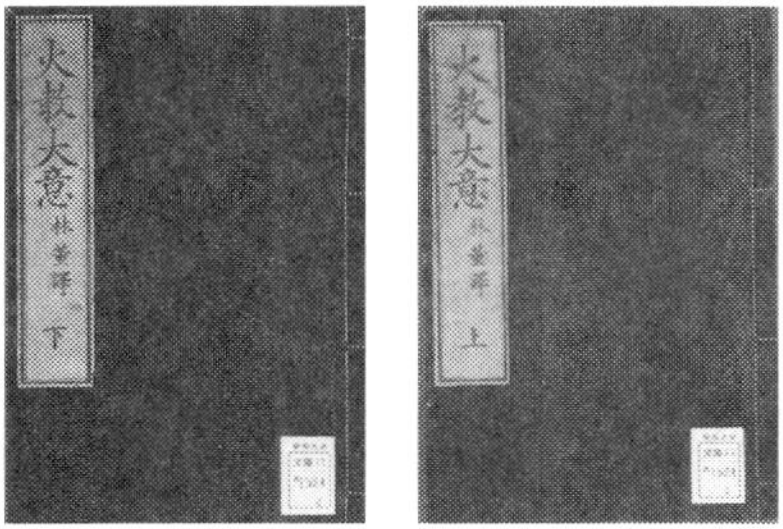

『火教大意』（上／下）
（早稲田大学図書館
古典籍総合データベース）

も就いている。その林が著した1883年（明治16）の『火教大意』で語られたゾーロストルは、前年にツァラトゥストラの名でニーチェ（Friedrich Nietzsche、1844-1900）のAlso sprach Zarathustraに登場していたが、難解な長話を終えるのは、2年後の1885年。全編まとめて出版されるのは、それから7年も後である。

異郷のドイツや日本で、ツァラトゥストラやらゾーロストルだの、舌を噛みそうな名前で呼ばれたのは、ゾロアスター教の教祖ゾロアスターである。

〈ツァラトゥストラ、かく「騙り」き〉

ニーチェの著述におけるツァラトゥストラの言動は、著者の脳裏に浮かんでいた幻影で、地上に足跡を残した人物のそれではない。ニーチェはツァラトゥストラに仮託してキリスト教的価値観（「道徳」）を否定しようしたのだが、実在したゾロアスターには、とうていできない相談だ。キリスト教が成立するはるか以前――およそ1500年も前に――この世に別れを告げていたからだ。

それなのにツァラトゥストラが「（キリスト教の神も含め）すべての神は死んだ」と断言できたのは、19世紀末～20世紀初頭の一般欧米社会では、ゾロアスターの実体がほとんど「知られていなかった」からである。そのくせゾロアスターの名のみ一人歩きし、あたかも超能力者か魔術師でもあるかのように扱われていた。

では、ニーチェのツァラトゥストラと同時代の林董のゾーロストルも、フィクション世界のゾロアスターなのだろうか。

〈ゾーロストルの日本上陸〉

『火教大意』は和綴じで見開き64葉、ちらりと「目次」に目を遣る限り「大意」のタイトルに偽りはなく、ゾロアスター教の概要を紹介する書物のようだ。

だが、研究先進地域の西洋諸国でも、一般にはあまり知られていなかった知識を、専門の研究者でもない林は、どこから・どのようにして入手していたのか。

いや、それよりも大きな疑問は、この明治16年という時期に『火教大意』が出版された意図である。意図は言い換えれば、想定読者だ。

林董のまなざしは、誰に向けられ・何を伝えたかったのか。この二点の解明が本稿の――はるか遠くにありすぎて、朧げにすらみえないが――到達地点である。

〈『火教大意』の埃を払う〉

ゾロアスター教の研究に限ったことではないが、一般に専門的研究は最新の知見には敏感だが、過去の――誤り多き――営為については、極めて冷淡である。確かに厳密かつ客観的に物事を解明する上では、変色した古い書物などまともに取り上げる価値はないだろう。だが、今日の研究成果がこれまでの多年に亘る蓄積の上に成立しているとすれば、その成果は――誤り多き――先行研究への批判や否定を通して行われる場合も少なくないのではないか。

また、前のめりに近代化を進めていた明治前期の、古色蒼然たるゾロアスター教の概要書を丹念に調べれば、今日なお未解決の課題として残されている、物質生活（政治）と精神生活（信仰）の共存――言い換えれば、本稿のはるか先にある到達目標地の、さらにその先にあるはずの目的地―について、何かしらヒントが見いだせるかもしれない。

かかる―先の見通せない―展望を抱いて、書庫の錆び付いた錠を解き、1世紀以上も眠り続けた古書の塵埃を拭き払うことにしよう。最初に現れたのは、次のように記された表紙である。

林董訳『火教大意』明治十六年九月出版 干河岸氏蔵版

『火教大意』は林のオリジナルではなく、翻訳ものであった。だが前書きも後書きもない本書からは、原書を知る手掛かりはない。訳書の考察の前に、まず原書の探索から始めなくてはならない。探しますものは、

1883年以前に書かれた・ゾロアスター教関連の・外国語の・書籍。

これだけ情報が豊富なら……、見つけ出すのは容易……、だろう。

〈本稿の目的〉

予期に反して原書の探索に手間取り、また文語体の翻訳書と外国語(英語)で書かれた原書との比較対照に手を焼き、さらには当時の社会背景的な情報整理にまで手が回っておらず、残念ながら充実した論考を発表できる段階には達していない。

自伝『後は昔の記』
（国立国会図書館デジタルコレクション）

そのため不本意ながら『火教大意』の詳細な分析とこれに基づく考察は他日に譲り、本稿では原書の探索と発見に伴い知り得た情報の報告にとどめる。具体的には、訳者・林董のプロフィールや執筆（翻訳）の経緯、原書とその著者及び同著者の関連著述との関係、また『火教大意』が発行される前後の時期における政治と宗教を巡る情勢、そして現時点で判明した『火教大意』の特徴などである。

1．『火教大意』の基本情報

(1) 著者――「林董口訳　干河岸貫一筆記」

林董が外交官であったことは先に触れたが、本書『火教大意』の出版当時は、工部省大書記官（課長超級）で、2年に及ぶ有栖川宮欧州歴訪の随行から帰国したばかりだった。本書の表紙には「林董訳」とだけ書かれているが、本文の冒頭には「林董口訳　干河岸貫一筆記」、奥付にも「訳者　林董／出版人　干河岸貫一」と記されている。

林の「口訳」を筆記した出版人の干河岸貫一（1847？-1930？）は、公文書として残る「建白書」の記載によると、明治7年時点では「師範学校寄宿舎」に在留する、福島県「真宗大乗寺」の住職であった。この寺が同所における今日の大乗寺につながっているとすれば、本願寺派（西本願寺派）の寺院である。干河岸については詳しく調べられていないが、大内青巒（1845-1918）や井上円了（1858-1919）、そして後に触れる島地黙雷も参加していた――仏教の国教化を目指す――「尊皇奉仏大同会」や「和敬会」という仏教結社にも関わっていた。後にジャーナリストとしても活躍し、干河岸桜所名義の著述が複数残されている。

(2) 林董の語学力

林董は嘉永3年(1850)、現在の千葉県佐倉市に藩医・佐藤泰然の次男として生まれた。自伝(口述)の『後は昔の記』(1910)によると、幼少時から父・佐藤泰然の方針により横浜のヘボン塾で英語・英学を仕込まれた。慶応2年(1866)幕府選抜の留学生として英国に渡り、「幕府顚覆王政維新」の慶応4年6月まで「英公使パークスの選任」した「ウキリヤム　ロイド」という「英国軍艦附の宗教家兼教師」のもとで学んだ。

御一新により慌ただしく帰国した林は、旧幕府海軍の榎本武揚(1836-1908)に従い、箱館五稜郭に立て籠もった。自伝によると林は「請うて」旧幕軍に参加しているが、意図や経緯は明かされていない。

榎本は蝦夷に向かう目的や行動の趣旨を文書にして英国公使・パークス(Harry S. Parkes, 1828-1885)に提出している。その英訳を担当したのが、林であった。これを読んだパークスが榎本の下には英国人がいるのかと訝しんだという。それほどこなれた翻訳であったのだ。

榎本総裁率いる箱館政権の五稜郭が、黒田清隆(1840-1900)の奇襲戦法で陥落すると、林は禁錮1年の刑で獄につながれた。出所後は紀州浪人・山東某の開いた明治義塾という私学校に雇われ、英語教師となった。だが「余りに活気なき業」に「倦み果て」て、ほどなく米国公使・デロング（Charles E. DeLong, 1832-1876）に引き立てられて、公使館の訳官（通訳）兼書紀に就いた。自伝によれば、林は公使と日本の外務卿とのかなり「混み入った」案件にも通訳として関与している。林は英語を母国語として話す人たちと同程度の英語活用能力を持っていたことは間違いない。

１８７１年（明治４）、陸奥宗光（１８４４‐１８９７）の下で神奈川県に出仕していた林は、岩倉使節団の情報を知ると「予て大阪にて面識」のあった伊藤博文（１８４１‐１９０９）に直訴し、翌年１月使節団の一員となる。もっぱら英語の通訳に従事していたようで、使節団が英国からフランスに移ると、「予は大陸語を解せず一行の為に用なき」と、パリからロンドンに引き返している。また自伝の別の箇所には「他の言語を解せざるゆゑ英語を用ゆ」という記述も見られ、英語には精通していたものの、他の外国語には堪能でなかったようだ。

林は役人としての公務をこなしながら、精力的に英書の翻訳も行っている。１８７５年（明治８）から浩瀚なＪ・Ｓ・ミルの『経済学原理』（１８４８）の訳書を続出し（１８８６年まで『経済論（弥児）』初編～第４篇）、これと並行してジェレミ・ベンサムの『立法原理』の一部（１８７９年『刑法論綱』）やフランシス・リーバの『市民的自由と自治論』（１８５３）（１８８０年『自治論：一名・人民の自由』）の諸作を含め――実に大量に――訳出している。

その中で特記しておきたいのは、１８７６年（明治９）の『馬哈黙伝』（マホメット伝）である。おそらく日本初であろう、イスラーム預言者・ムハンマドの伝記は、本稿がテーマとする『火教大意』の成立に深く関係している。

2．林董口訳の『馬哈黙伝』

(1)『馬哈黙伝』の執筆経緯

『馬哈黙伝』は――『火教大意』と同じく――林董の翻訳書で、干河岸貫一が発行人となっている。これには原書が「一千八百零八年英国の僧正官なるホンフレー、プリドゥ氏の著」と明かされている。1697年初版の「Prideaux, Humphrey, A life of Mahomet」である。これを林が翻訳するには、次のような事情があった。

岩倉具視を特命全権大使とする使節団（「岩倉使節団」）は、外務省七等出仕二等書記官となった林を帯同し、1872年（明治5）に日本を出発した。同時期、真宗西本願寺派の仏教使節団も欧州に向かっていた。この一行には明治期の仏教界を代表する島地黙雷（1838－1911）と赤松連城（1841－1919）も含まれていた。両人はイギリス・ロンドンで岩倉使節団と合流すると、これと行動をともにするようになる。

西洋列強各国の宗教事情の視察は、もっぱらパリを拠点にした島地が担当し、赤松は英国留学生としてロンドンに滞在した。赤松はとくに林と親しく交流したようで、次のような林の述懐が残っている。

赤松は屢々予が寓居を訪うて談話午前一二時にも及ぶことあり予が仏教に趣味

を持ちたるは此人の談話を聞くに起因したり氏は予が最も尊敬する数名の知人中の一人〔……〕

『馬哈黙伝』は、以上のような林と赤松との親密な関係によって生まれた。千河岸の本書例言などを参考にすると、執筆経緯は次のとおりである。

まず「回教の肇祖馬哈黙が立教建国の顛末」が書かれた『A life of Mahomet』（1808年版）を入手したのは、神道の国教化に反対し、仏教復権の急先鋒に立つ島地黙雷。島地のロンドン滞在期間から推して、入手の時期は1872年（明治5）7月中下旬と思われる。英文に通じていなかった島地は、同書の訳出を赤松連城に託した。赤松は後にフェノロサやイザベラ・バードらと高度な仏教・宗教論議を英語で交わせるまでになるが、このときは口訳を林に依頼し、自らは筆記役に回った。林の高度な英語リテラシーによって訳された本書は、赤松を経て島地に渡されたが、しばらくは函底に蔵されていた。やがて、島地の判断で公刊の運びとなり、書籍発行に携わっていた千河岸貫一にお鉢が回った。千河岸が絡んできたのは、島地・赤松と同様に、真宗本願寺派の僧侶であり、先に触れた「尊皇奉仏大同会」への関わりでも知れるように、島地や赤松に近い考え方の持ち主だったからだろう。

島地黙雷
（フリー百科事典『ウィキペディア（Wikipedia）』）

（2）原書にはない『附録』

林の口訳による『馬哈黙伝』は、『附録』とセットの2巻本である。ただし「附録」じたいは、原書には存在しない。

『TEN GREAT RELIGIONS』
（右：表紙／左：中扉）

発行人・干河岸によれば、訳者・林董が「回教の肇祖馬哈黙が立教建国の顛末」を明らかにするにあたって、特定の一書に過ぎない「本伝は耶蘇宗の僧正たる人の手に成りしを以て〔……〕公平を失するが如き者あるを免れず」と考え、「参考に供せん」ために「近代の書中に於て欧州諸大家の回教及び其教祖を論評せし者を纂輯」したものである。ただし、一般読者の便宜を考えたのではない。公刊以前、赤松を通して島地の手に渡ったときも、すでに『附録』はつけられていた。原初にはない『附録』は、翻訳を依頼した島地黙雷の「参考に供」するためのものであったところに、留意しておきたい。

さて、先の干河岸の説明を読み、また本書表紙の「林董纂輯」だけを見ると、林自らが「欧州諸大家」の「論評」を「参輯」したかのように受け取れるが、そうではなかった。林も干河岸も明らかにしてくれておらず、捜索には骨が折れたが、「欧州諸大家の論評を参輯」して著された英語の底本が見つかった。

ジェイムズ・フリーマン・クラーク（James Freeman Clarke, 1810 - 1888）の『TEN GREAT RELIGIONS』（1872）である。

〈附録の原書、『TEN GREAT RELIGIONS』（世界10大宗教）〉

『TEN GREAT RELIGIONS』は全12章で構成され、序論にあたる「民族宗教と普遍宗教（ETHNIC AND CATHOLIC RELIGION）」に続いて、儒教・道教、バラモン教、仏教などの諸宗教が概説されている。前書きには「読者がこの本だけで、世界の主要宗教の教義や祭儀に精通できる」ように著されたと書かれているが、サブタイトルは「ESSAY IN COMPARATIVE THEOLOGY」（比較神学小論）、最終章は「世界の10宗教とキリスト教（THE TEN RELIGIONS AND CHRISTIANITY）」。この本の眼目は、各宗教とキリスト教（Christianity）との比較におかれていた。

〈著者、J・F・クラーク〉

原書の著者クラークはハーバード大学（1829）・ハーバード神学校（1833）を卒業したキリスト教聖職者だが、正統教義である「三位一体説」を否定する立場をとり、教会では位階による自他の差異を否定し、また多数の著述を通して奴隷制の廃止を熱心に訴えていた。著名な哲学者・詩人のラルフ・ウォルド・エマーソン（Ralph Waldo Emerson, 1803 -1882）は、彼の従兄にあたり、両人ともに超絶主義と言われる人間肯定的世界観を持つ「ユニテリアン」であった。また、この『TEN GREAT RELIGIONS』の献辞は、「長年の友人で同僚研究者」のウイリアム・ヘンリー・チャニング（William Henry Channing, 1810 - 1884）に捧げられているが、このチャニングもまた、女性の人権問題で名を残すユニテリアンであった。

〈ユニタリアニズム〉

以上を踏まえると、この『TEN GREAT RELIGIONS』は、神の唯一性を主張する――ナザレのイエスを預言者あるいは宗教指導者としては認めるものの「神」とは見なさない――ユニテリアンの価値観で「世界の10宗教」を捉え、キリスト教を含む世界の各宗教における神の「唯一性」の所在に焦点をあてた宗教論である。内

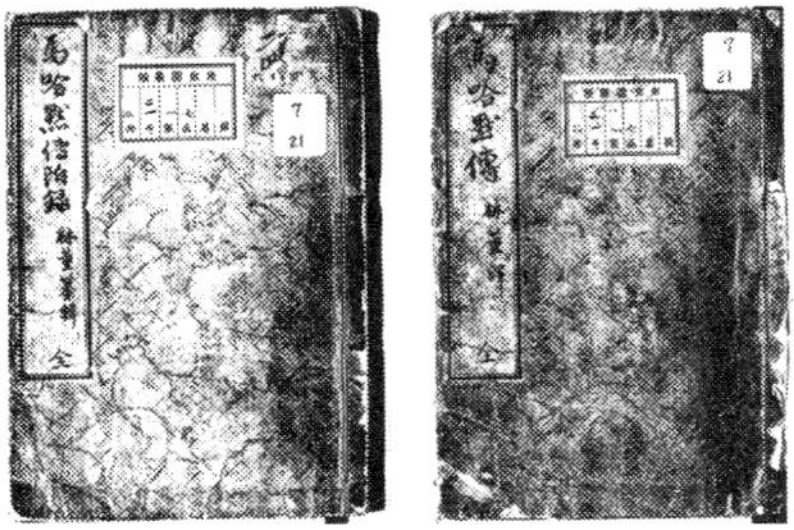

『馬哈黙伝』（右：本文／左：附録）
（国立国会図書館デジタルコレクション）

容的には、一神教的宗教であるか多神教的なそれであるかに、関心が向けられている。
この書の第6章までは、1868年の「アトランティック・マンスリー」誌に発表されていた評論の再掲である。同誌は1857年にボストンで創刊されたが、最初の頃は奴隷廃止問題などの政治評論も載せられ、エマーソンらユニテリアンからの寄稿も少なくなかった。

あらためて確認すると、林の『馬哈黙伝附録』は、神の唯一性を主張するユニタリアニズム色の濃い『TEN GREAT RELIGIONS』の第6章、「ムハマドとイスラーム（MOHAMMED AND ISLAM）」の――ほぼ――全訳なのである。

したがって、先に触れた発行人・干河岸の説明、すなわち訳者・林が『馬哈黙伝』に「附録」をつけた理由のうち、「耶蘇宗の僧正たる人」は「英国国教会司祭」に、「欧州諸大家」は「ユニテリアン」に各々上書きされ、次のように理解しなければならない。

「回教の肇祖馬哈黙が立教建国の顛末」を明らかにするにあたって、特定の一書に過ぎない「本伝は英国国教会司祭（耶蘇宗の僧正たる人）の手に成りしを以て〔……〕公平を失するが如き者あるを免れず」と考え、「参考に供せん」ために「近代の書中に於てユニテリアン（欧州諸大家）の回教及び其教祖を論評せし者を纂輯」したものである。

これが『附録』を通して島地に伝えられた、林のメッセージなのだが、問題はこの上書きによって意図された「公正」の中身である。今後解明しなければならないことは、具体に言えば「公正」にイスラーム（イスラム教）やムハンマドを論じる上

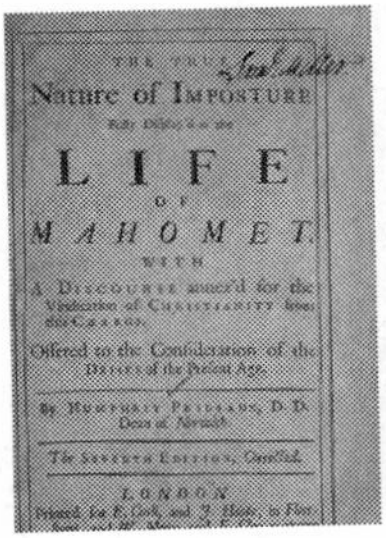

『LIFE OF MAHOMET』表紙

で、三位一体を不磨の教義とする「国教」の正統的キリスト教徒の意見と、「自由平等主義的」な唯一神の信奉者の見解とは、どこが・どのように違うのか、ということになる。

まず『馬哈黙伝』の本論の方の原書『A life of Mahomet』の特徴を見ておこう。

(3)『A life of Mahomet』の特徴

〈過激な表題〉

『馬哈黙伝』の原書である「ホンフレー、プリドゥ氏の著」の正式な書名は、『マホメットの生涯で暴露する詐欺師の正体』である。どこかの国の週刊誌を思わせる煽情的なタイトルに、「今日の理神論者考察のためにキリスト教の正統性を立証する諸論」が副題的に続く。

表紙には『The true nature of imposture, fully display'd in the LIFE OF MAHOMET. WITH A DISCOURSE annex'd for the Vindication of CHRISTIANITY from this CHARGE. Offered to the Consideration of the DEISTS of the Present Age. By HUMPHREY PRIDEAUX, D. D. Dean of Norwich.』と、大文字小文字にサイズもまばらな活字が犇めいて、容易ならざる内容の過激さを前触れしている。

恐る恐るページを捲ると、本文の冒頭には長大な「読者の皆様へ」が置かれている。ざっと目を通しただけで、表紙の記述が事務的な行政文書に思えてしまう。以下、大要を――できるだけ穏便な言葉つかいで――訳出しよう。

〈さらに過激な前書き〉

イエス・キリストの福音伝道者の義務は、今日社会に蔓延する無信仰の阻止である。そのため「ある有名な詐欺師」の生涯を白日の下にさらすことにした。キリスト教の正統教義を詐欺や偽物とする理神論（diesm）にかぶれた者どもに、自分の過ちに気づかせるためである。

なぜなら理神論者は、あるまいことか、その詐欺師を好意的に評価しているからだ。本書『マホメットの生涯』を書くにあたって、自分の目的に合うような粉飾は一切していない。典拠はすべて明示した。

もともと本書は、繁栄した「東方教会」（eastern churches）を悲惨までに分裂させた「三位一体論」（the doctrine of the trinity）に関する論争と、マホメットの専政と妄想の大洪水が引き起こした悲痛な災難と破滅が書かれる予定であった。「悪」（evil）については戒めや説教よりも、実際に起こった「破滅」（dismal ruin）を知るのが早道だからだ。

だが、思うところがあって、マホメットに関する部分だけを先に出版することにした。

附属の論説は、「神の摂理」（his providence）を信じる真っ当な神学者に向けられたものであり、無神論者や「神の存在」（his being）を信じながら摂理を否定する理神論者にではない。そもそも獣欲に身を委ねるような輩には、鞭を振るう以外に対処の方法など、ありはしないのだ。

本書の表記について、固有名詞はアラビア語の発音に忠実に従った。ただし「詐欺師」の名前は別だ。敢えて「下品な書き方（vulgar manner of writing）」をしておいた。なぜなら、この者には、それがお似合いだからである。

††††

この吐き捨てるような――否定すれども隠しきれない、想定された――「読者の皆様へ」に続いて、「彼が最初に預言者のふりをしたこと」や「彼の使命が見せかけである証拠」、「彼の強奪」などに続いて「クルアーンの矛盾」が論じられ、本文は次のように結ばれる。

これまで私は、この詐欺師を扱った優れた著者の中から、信頼できるすべての関連事項、および彼がこの不敬な贋作を組み立てて広めるために取った方法を、できる限り正確かつ詳細にまとめた。これまで多くの人々が、これに騙されてきたからである。本書出版の趣旨は後掲の論説に示されている。

その論説では詐欺師による詐欺的言説の証拠が7項目挙げられ、あらゆる宗教において神と人間との間に立つ「仲介者」が必要であること、人々の不安を解消するためには神からの「啓示」が必要であることの2点が、結論として記されている。

（4）『馬哈黙伝附録』の意図

林の『馬哈黙伝』の本論には、先の（3）に現れたものすべて、つまり「表題」・「目次」・「前書き」・「附属の論説」のいずれもが省略され、文末に置かれた林自身の言葉を記した文章は、上来所述は正しきと見ゆる諸書より抄録し馬哈黙弘教の大略を示す㆑爾りとしか、書かれていない。

島地は欧州視察中に、エルネスト・ルナン（Joseph Ernest Renan, 1823-1892）の『イエスの生涯』（Vie de Jésus, 1863）に深い感銘を受けたという。その余熱でムハンマドの人生模様も知りたくなったのでなければ、そして島地や赤松が表紙も読まずに翻訳を依頼したのでもなければ、彼らの関心が「三位一体論者」によるイスラームの創唱者批判（攻撃）に──同調していたか反発していたかはともかく──向けられていたことは明らかである。また、その意図も伝えられていたはずだ。

ところが、林は原書の「過激」な部分──したがって原著者の主張の核心であり、島地等の知りたかったところ──のことごとくを、おそらくは意図的に「捨象」し、さらにその上真逆の立場にあるユニテリアンの著作を──あえて──『附録』にして、「公正」を期したのである。

あらためて、以下の3点に留意しておきたい。1つは、依頼人の島地黙雷が、当時の日本の政治・宗教政策のありように「公的立場」から関与する立場にあったこと。第2に、翻訳者・林董の英語リテラシーはほぼ完璧で英国事情にも熟知し、やがて英国大使となるなど明治期日本を代表する外交官となる人物であること。3番目に、『馬哈黙伝』の翻訳が、維新以来の「祭政一致」の政治原則が崩れ出し、神道が「脱宗教化」していくころの明治9年に公刊されていること、である。

さて、ここまで長々と『馬哈黙伝』及びその『附録』に拘ってきたのは他でもない。

この書に纏わり付くさまざまなセンスが、7年後の明治16年に公刊された『火教大意』に引き継がれていると考えられるからだ。

なぜなら、本書『火教大意』の原著は、『馬哈黙伝附録』と同じ『TEN GREAT RELIGIONS』で、後者はその第6章、前者は1つ前の第5章「ZOROASTER AND THE ZEND AVESTA（ゾロアスターとゼンド・アヴェスタ）」だからである。

林が島地に『馬哈黙伝』に『附録』を添えて提出するに当たり、この書の、もちろん第5章も含め、全体を精読しなかったとは考えられない。『TEN GREAT RELIGIONS』の意味が『A life of Mahomet』のバイアスを是正するものとされる限り、この本の執筆意図が探られなかったはずがないからである。

『馬哈黙伝附録』と『火教大意』がこのような関係を持つ以上、島地から林に『A life of Mahomet』の翻訳が依頼され、島地が「公正」に判断できるよう、林が『TEN GREAT RELIGIONS』の「MOHAMMED AND ISLAM」を『附録』として翻訳するに至った背景についても触れておかなければならないだろう。やがて『火教大意』として翻訳される「ZOROASTER AND THE ZEND AVESTA」は、その同じ時期の同じ情勢の中で読まれたであろうからだ。

林が赤松経由で島地から翻訳を頼まれたのは明治7年7月、林は岩倉使節団の一員として、島地等は欧州宗教事情視察で、ともにロンドンに滞在していた。

もともと島地らの海外視察は、教団主導というより新政府の意向によるところが大きかった。

3.『馬哈黙伝』と『火教大意』の背景

王政復古の国是によって神道が国教化された中、新政府の国内宗教政策上及び外交上の懸案は、仏教などの伝統宗教の扱い方と、押し寄せるキリスト教への対応だった。政府が手を組んだ復古神道（平田派）の時代錯誤は目を覆わんばかりで、その威勢の良さだけでハイ・セオリーなバイブルに対抗できるとは思えなかった。神祇官まで再興した祭政一致の新政体は、いきなり危機に見舞われていた。薩摩出身の官僚は廃仏の急先鋒で平田派に近いため、まったくあてにできない。長州勢が前面に立つしかなかった。ここに至って長州藩に縁の深かった真宗西本願寺派に白羽の矢が立ったのである。

折から廃仏毀釈の大嵐に見舞われていた仏教界は、旧幕時代の「国教」経験をアピールし、政府扶翼の一端を担うことで危機的状況を乗り切ろうと画策していた。その中核が真宗西本願寺派だった。そもそも真宗は「神祇不拝」の伝統から神仏分離（判然）の影響が少なく、経済面では寺領よりも門徒（信徒）を基盤にしていたため「上知令」のダメージも限定的で、仏教復権をリードする活力が残っていたのである。仏法世界（他力信仰）と王法世界（世俗倫理）とに、世界をきっぱりと二分し両者を併存させる、真宗独特の「真俗二諦論」のテーゼも有利に働いた。

さらに西本願寺派では、島地黙雷や赤松連城といった仏教界全体の改革を進める有能な僧侶が活躍していた。島地らをリーダーとする仏教(家)有志は、仏教管轄官庁の設置を要望し、政府の力で旧体制を打破することで、仏教による民衆教化が可能になると建言したのである。この主張を認めた木戸孝允らの協力で、待望の「寺院省」が(期限つきで)で創設されることになった。西本願寺派を中心とする寺院省というのが、木戸の腹案であったのだろう。その一環の措置でもあったのか、西本願寺派はかねてから計画されていた政府の欧米派遣使節団に組み込まれたのである。門主の死没という不測の事態によって派遣メンバーが交代し出発も延期されたが、島地らの西洋視察の使命は、近代日本のあるべき宗教政策――民衆教化とキリスト教の侵入防止――の構築であった。

以上の明治7年時点の情勢を背景にして、政府・西本願寺共同の欧米政教事情視察が決行されたのであり、島地等の欧州視察は近代日本国家において根幹となる政策の形成を目的としたものであった。もちろん教団や仏教の生き残りをかけたものでもあったが、政治と離れて成し得る類のものでなかった。このような状況で、クラークの『TEN GREAT RELIGIONS』は翻訳され、「ZOROASTER AND THE ZEND AVESTA」が読まれて、やがて『火教大意』として発行されることになるのである。

4.『火教大意』――林董口訳

(1) 記述内容のレベル

今日一般にもアクセスしやすいゾロアスター教関連の情報サイトの1つに、「エンサクロペディア・イラニカ（Encyclopædia Iranica）」がある。コンテンツの作成には、世界各国の研究者等が協力して当たり、学術的な研究成果だけでなく、ジャーナリスティックな記事も含め、多彩な資料が時間を追って包括的に収集・整理されている。おどろくべきことに、150年前に著された『火教大意』の原書、『TEN GREAT RELIGIONS』の第5章「ZOROASTER AND THE ZEND AVESTA」の記述内容は、ほぼこの「エンサクロペディア・イラニカ」のレベルに達している。

したがって、これを林の高い英語能力で翻訳した『火教大意』も、内容的には従来の定説や通説などゾロアスター教関連の情報が総合的に掲載されていることになる。昨今、最新の先端的研究はややもすれば分野が限定され、また極度な専門性に傾きがちなところからすれば、むしろ読者は『火教大意』のような書物からの方が、安定的な情報をバランスよく入手できるかもしれない。一方で、『火教大意』で用いられている語彙や文章はあまりに古めかしく、現代的に改めなければ理解の難しいところも少なくない。そのあたりの両面性を、ここでは原書と『火教大意』の見出しを並列することで示すこととする。括弧内は拙訳である。

〈章構成〉

CHAPTER V. ZOROASTER AND THE ZEND AVESTA
『火教大意』
§1. Ruins of the Palace of Xerxes at Persepolis
（ペルセポリスのクセルクセス宮殿遺跡）

第一章　ペルセポリスのゼルシス王宮の遺趾

§2. Greek Accounts of Zoroaster. Plutarcn's Description of his Religion

（ギリシアにおけるゾロアスターの説明。プルタークによるその宗教の説明）

第二章　希臘人がゾーロストルの説及ひプリュタークが火教の辨

§3. Anquetil du Peron and his Discovery of the Zend Avesta

（アンケティル・デュ・ペロンと彼のゼンド・アヴェスタの発見）

第三章　アンケテルチュペロン氏の事及ひ同氏か「ゼンド、アベスタ」の発明

§4. Epoch of Zoroaster.　What do we know of him?

（ゾロアスターの時代。私たちは彼について何を知っているのか？）

第四章　ゾーロストルの年時

§5. Spirit of Zoroaster and of his Religion

（ゾロアスターと彼の宗教の精神）

第五章　ゾーロストル及ひ其宗教の精神

§6. Character of the Zend Avesta

（ゼンド・アヴェスタの特徴）

第六章　「ゼンドアベスタ」の性質

§7. Later Development of the System in the Bundehesch

（ブンダヒシェンの体系とその後の展開）

第七章　「バンデヘッシ」の時代に火教の成備せし事

§8. Relation of the Religion of the Zend Avesta to that of the Vedas

（ゼンド・アヴェスタの宗教とヴェーダの宗教との関係）
第八章　「ゼンドアヘスタ」の宗旨と吠陀の宗旨との関係
§9. Is Monotheism or pure Dualism the Doctrine of the Zend Avesta
（ゼンド・アヴェスタの教義は、一神教か純粋な二元論か）
第九章　「ゼンドアベスタ」は一神教か将た純然たる「ジュリアリスム」なる乎
§10. Relation of this System to Christianity. The Kingdom of Heaven
（この宗教の体系とキリスト教との関係。　天の王国）
第十章　火教と耶蘇教との関係

これだけを見ても、『火教大意』が原書の忠実な「全訳」が目指されたものであることがわかる。もちろん訳されなかった箇所はあるが――薀蓄に富んだ脚注の、少なからぬ――一部であったり、儀式で詠まれる祭文（「ガーサー」）の部分であり、林による意図的な省略というよりは、読者に配慮した割愛と言うべきだろう。

（2）原書の特徴

『火教大意』には当然ながら原書『TEN GREAT RELIGIONS』の特徴をそのまま引き継いだところと、翻訳書『火教大意』としての特徴が同居している。どちらも本書の読解に関わっているため、その内容についてはあらためて別稿で論じることとしたい。ここでは、2，3点の指摘にとどめる。

先に述べたように『TEN GREAT RELIGIONS』は、ユニテリアンであるキリスト教聖職者の立場から、各宗教とキリスト教（Christianity）との比較を論じた書であり、結論部には次のような記述が見られる。

まず、世界諸宗教の中でキリスト教だけが、今なお教義を進化させ続けている唯一の世界宗教とした上で、イエスの受肉と三位一体という「間違った考え方」も、偽りを福音の中に吸収一体化できるキリスト教の普遍的統一性を示すものであると説明され、ここから、本来「自由」である人間は、「唯一神」への信仰を実践することによって、各々の「対立」する考え方や言動を和解させることができると論じられている。クラークによれば、専制政治の唯一の取り柄である「秩序」を、民主政の「自由」の中で実現できるのは、キリスト教的一神教の世界以外には存在しないのである。強力な「悪」は現実に存在するものの、より強力な「善」への信仰によって確実に克服することができる。そのような善への信仰こそ、一神教であるキリスト教への信仰だと言うのだ。

このような『TEN GREAT RELIGIONS』を貫く観点から、ゾロアスター教についても「一神・善悪二元論」と見て、この2要素がユダヤ教に入り込み、キリスト教にもつながっていったと評価している。

クラークはアフラ・マズダーをゾロアスター教世界の唯一神と措定するが、唯一神で善神のアフラ・マズダーが（唯一の）創造主であれば、悪神のアンラ・マンユをも生み出したことになり矛盾するといった意味のことも述べている（§9）。あるいは3世紀のサーサーン朝における「ズルヴァーン」のような最高神が意識されていたのかもしれない。

クラークは、ゾロアスター教における「善悪二元論」あるいは善・悪という道徳の根源に、大きな関心を持っていたようだ。それが嵩じたのか、次のような、やや一般的でない解釈も見られる。関連箇所も含め、ここでは林董口訳の『火教大意』から引用する。

ペルセポリスの山側に波斯王の古陵あり〔……〕陵頭には王の像を彫刻し〔……〕壇上には太陽に模したる珠形あり〔……〕其他に羽翼ある獣グリヒン〈鷲頭獅身〉と闘ふ所の像を彫りたる都て此等は数百年間波斯の国教たりしイラニツキ宗の遺趾なり其宗旨を繹するに宗祖ゾーロストルと云ひ経典をアベスターと云ふ国王はオルマツヅ〈火教の本尊〉の従僕と称し火と太陽を信仰す〔……〕

ゾロアスターはペルシア国教「イラニツキ宗」の「宗祖」と紹介されて、日本デビューを飾った。「波斯の国教たりしイラニツキ宗」の「宗旨」は、次のように説明されている。

火と太陽を神とし穢悪なるクリッヒンに抵敵する者とすクリッヒンとは即ちアーリマン〈魔鬼の名〉の造れる所の獣なり即ち爰に羽翼ある獣と闘ふ像を作れるは是ゾーロストル宗たるの確証なり

ここでは魔鬼・アーリーマンがクリッヒン（最初の引用ではグリヒン）を作ったことになっているが、それがどうして「ゾーロストル宗たるの確証」となるのか。「何となれは」と林は続ける。

アベスターに説き演る所に由るに所造の万物は其始めに各々模型ありて之れによりて造り生せるなり即ちオルマツヅの巧思に由て造出せし者にして其模型とは万物の精神是なりオルマツヅと雖とも其生来するや亦模型に依れりと云故にゾーロストルの宗徒は此模型なる者を尊信す此れベルセポリス波斯王の宮趾を観併せて最も古代のジュアリスム（世間は陰陽善悪等の二物より成立することを説く所の宗教を云ふ）は玆に淵源せし者なるを知るに足るゾーロストルの宗教即ち是なり

善神アフラ・マズダーに祝福されたペルシア諸王の墓があり、悪神アンラ・マンユが生み出した邪悪なグリフィンが共存している。これによってペルセポリスは、世界最古の二元論宗教であるゾロアスター教の本拠といえるのだ、と。

(3)『火教大意』の不思議な省略

本書の第十章（火教と耶蘇教との関係）では、ゾロアスター教を信仰する者は、道徳観念が高く勤勉で、福祉の精神に満ち裕福でもあると説明し、その例示として「ジャゼッヂー、ヂーヂーボーイ」（ジャムセトジー・ジジーボイ〔Jamsetjee

ジャムセトジー・ジジーボイ
（Encyclopædia Iranicaより）

JEJEEBHOY, 1783 - 1859）の慈善事業に言及されている。

> 今に至ても波斯印度地方に於て少く火教を奉する者の遺存するあり其教徒は品行善良にして勉強なる人民なり中に於て富み且つ仁なる人あり即ち其宗徒たるジャゼッヂー、ヂーヂーボーイは病院、学校、其他貧民賑恤の為に一百五拾萬ドルラル強を消費せり世に復如此人あるや我未た之を見す

ジジーボイは、中国へのアヘン輸出などで財を成した貿易業者として名が知られるが、もともとイスラームの迫害を逃れてペルシアからインドに渡ったパールシーと呼ばれるゾロアスター教徒の子孫で、ムンバイのゾロアスター教神官家の出身である。貿易で得た巨万の富（の一部）を学校や病院、福祉救護施設の建設、その他公共事業に寄付し、生涯寄付総額75万ポンドに達するとされる。ヴィクトリア女王からサーの称号（１８４２年）、準男爵の爵位（１８５７年）が与えられている。どちらもインド人初の栄誉であった。

先に挙げた「エンサイクロペディア・イラニカ」の書誌情報によると、ジジーボイに関する記事は１８３６年4月のBombay Government Gazetteが初出で、叙爵（１９５７年）以降では死亡の2日後、１８５９年4月16日にBombay Timesに記事が掲載されている。１８７２年の英語原書にジジーボイが載り、１８８３年に林が訳していても不自然ではないのだが、原書の当該箇所と比較すると、不思議な省略が見られる。下記引用の下線部である。

A small body of Parsis remain to-day in Persia, and another in India, — disciples of this venerable faith. They are a good, moral, industrious people. Some of them are very wealthy and very generous. Until Mr. George Peabody's large donations, no one had bestowed so much on public objects as Sir Jamsetjee Jeejeeboy, who had given to hospitals, schools, and charities, some years since, a million and a half of dollars.

林に省略されたジョージ・ピーボディ（1795‐1869）は米国の貧しい家庭に育ち、世界有数の銀行家として成功する立志伝中の人物だが、同時に「近代フィランスロピー父」と称される慈善事業家でもあった。ピーボディは1837年に英国に拠点を移すが、寄付活動を始めるのは1851年あたりからで、生涯の寄付総額は800万ドル（当時）を超える。ジジーボイほどの社会事業者がいなかったのは、まさに下線部のとおり「ジョージ・ピーボディが多額の寄付をするまで」なのである。

林がピーボディの名を消した理由は、わからない。ゾロアスター教徒の「品行善良」を相対化したくなかったのかもしれないが、訳者が考えなければならないことではないだろう。『馬哈黙伝』に『附録』をつけて、島地の判断に「公正」を期した林である。「Until Mr. George Peabody's large donations」の省略にも意味がないとは思えない。ピーボディは原書の著者・クラーク同様、ユニテリアンであったとされる。林は原書の文脈に対して何らかの「公正」さを企てたのだろうか。ピーボディの最晩年に、林は幕府派遣留学生としてロンドンに滞在していた。この時期、ピーボディは米国南部諸州教育基金に多額（300万ドル程度）の寄付をしている。こういう事情とどこかで関わっているのだろうか。そして、そのことが1883年（明治16）の『火教大意』の発行と何かしらつながりを持っているのだろうか。

今後、詳細に『TEN GREAT RELIGIONS』と『火教大意』を読み解いていきたい。

第2部　ソグド人

前近代世界システム論と六〜七世紀のソグド人

森安　孝夫

1．前近代世界システム論の提唱

アメリカの社会学者で歴史家のウォーラーステインが唱えた「近代世界システム論」は、近代における国際的な分業体制の由来と変遷を説いて一世を風靡しました。今では細部で批判を浴びるようになってきていますが、大筋はまだ有効であると思います。それは一六世紀以降（すなわち紀元二千年紀後半）において西欧が世界の中心となっていく歴史的な流れの理由として、火薬革命以後の西欧諸勢力が先ずは南北アメリカとアフリカ、次いでアジア海洋部・オセアニアからの資源・財貨の収奪によって発展したことを、「分業」というキーワードを使って説明しようとしたものと言えましょう。私はその背景には、必ずや西欧列強が駆使した大型外洋航海船と鉄砲・大砲による世界最強の軍事力があったと考えています。

そこで私は、近代以前の歴史において、ユーラシア北半分の騎馬遊牧民勢力が、馬上から弓矢を射かける騎馬軍団という火薬革命以前では地上最強であった軍事力に依拠して、南半分の農耕都市文明圏から「収奪」して国家を維持・発展させた歴史的現象を、「前近代世界システム」と名付けることを提唱しました〔拙著『シルクロード世界史』講談社、二〇二〇年〕。そしてその前近代世界システムにおいて大きな役割を担ったのが、紀元一千年紀の中央ユーラシアにおいてはソグド商人であり、二千年紀前半ではソグド商人の後裔ともいうべき中央アジア東部のウイグル商人や西部の回回（ムスリム）商人などであると考えているのです。もちろんこれらの商人勢力が遊牧国家の騎馬軍事力と密接に結び付いていたのです。

今からおよそ三千年前に騎馬遊牧民が登場して以後の前近代ユーラシア史の趨勢は、北の遊牧文明圏と南の農耕都市文明圏の対立と協調でありました。中央ユーラシアの草原地帯に興亡した遊牧国家について、一般には相変わらず西欧中心史観に由来する「略奪」を事とする悪玉国家のイメージが払拭されていません。しかしながら私は、中央ユーラシアの遊牧国家には資源・財物が少なく、自前では国家組織を安定的に維持できなかったがために、南方の農耕定住地域からそれを恒常的に獲得し、その再分配システムを構築せざるをえなかったのだと考えているのです。歴史において善か悪かという道徳的判断は不可であり、敢えて誤解を恐れずに言えば、収奪の一方法である「略奪」も国際的分業の一環とみなせるということです。近代世界システム論ではヨーロッパ列強が悪者扱いされないのならば、前近代世界システム論で北の騎馬遊牧諸国家も悪者扱いされるいわれはないのです。

2 遊牧国家の経済基盤

寒冷な草原地帯にある遊牧世界は、生産性が低くて余剰生産物を生み出すことが難しいだけでなく、自然環境に対する脆弱性《ぜいじゃく》が顕著で、端的に言えば自然災害に弱いのです。草原には夏の旱魃《かんばつ》・野火《のび》のほか、冬の氷雪・寒波による饑饉《ききん》があります。草原の草は、春から秋にかけては天候によって質も量も大きく変化し、いったん旱魃・野火にあって壊滅した草原が、牧畜に向く草原に回復するには年月がかかるのです。また家畜そのものも脆弱です。冬には、飼料となる枯れ草があってもそこに大雪が降ったり、大雪でなくとも積もった雪がいったん溶けてから凍結すると、家畜はもう自力では枯れ草を掘り出して食べることができずに、数十万~数百万規模で大量死してしまいます。それほどひどい状況でなくとも、前年夏の旱魃によって十分な栄養補給ができないまま家畜が越冬すると、ちょっとした寒波によっても死亡するのです。家畜が大量死すれば、人間も死にます。

遊牧世界はこのように潜在的にはいつでも家畜不足、人口不足の危機に陥る恐れがあるために、他の遊牧集団や南方に位置する巨大な農耕地帯へ家畜や人間の略奪に行く必要が生じるのです。この場合の略奪の対象は、よく誤解されてきたような金銀財宝のような贅沢品ではありません。あくまで家畜と人間、場合によっては穀物などの生活の基盤となるものでした。農耕社会での戦争は民衆にとっては浪費でしかありませんが、遊牧社会では生産活動でもあったのです。この点では確かに「略奪」は遊牧社会に避けられない負の側面(いわば構造的欠陥)でありました。

しかし北の遊牧勢力も国家を形成すると、このような直接的な暴力による略奪ではなく、もっとソフトな収奪方法を考案するようになりました。「バルバロイ 対 ヘレン」のユーラシア西部や「トゥーラーン 対 インド=イラン」のユーラシア中部はさておき、史料がやや多い「夷狄 対 中華」のユーラシア東部に着目すれば、そこには三つの方法の存在が指摘されます。一つは中国との和親の結果得られる「歳《さい》幣《へい》（毎年の貢ぎ物）」であり、二つはタリム盆地やソグディアナなどのオアシス都市国家やシルクロード商人を対象とする「徴税（関税）」であり、三つは直接の「交易」でした。遊牧国家の経営にとって重要なのは、むしろこのような間接的な略奪の方でした。もちろん、それが実現し得たのは、ひとえに強大な騎馬軍団の存在という軍事的プレッシャーがあるからであり、先の生活基盤整備のためや何らかの非常時における直接的「略奪」の際に見せつける軍事力が、ここで大きくものをいうわけです。

つまり歳幣・徴税や交易が滞れば直接的な略奪や侵略戦争に発展する恐れを秘めているのです。しかしそれは非常時であって、むしろ常態は「絹馬交易」や「互市・関市・交市」という術語に象徴されるような平和的交易であったのです。絹馬交易というのは、遊牧国家と中華国家とが、普段はさまざまな物資の交易をしている常態を、遊牧国家の主要産物たる馬と中国の絹とに代表させて作られた学術用語です。日記はいつも通りのことは書かないとよく言われますように、歴史史料として残るのも、平和的交易のような日常的なことではなく、戦争や軍事的侵略のような特別な事件や事故の記述であることがほとんどであるため、遊牧国家側はいつでも農耕国家の方へ略奪にやってくるようなイメージが定着してしまったのです。

そもそも国家とは収奪を正当化する手段（機構）です。遊牧国家が略奪的で、農耕国家や定住国家はそうではないというのは誤魔化しにすぎません。支配者と納税者（被支配者）が同一領域内にいる農耕国家の場合、いかに支配者が国家経営のためにひどい収奪（搾取）を行なっても、それを後世の人や研究者は「略奪」とは言いません。しかし農耕国家も遊牧国家も、共に民衆から収奪しているわけで、税金や労役を強制的に吸い上げる点でも、その強制力の背景に合法的暴力組織（軍隊、警察など）がある点でも同じなのです。

一般に遊牧生活では自給自足ができず、北の遊牧民は貧しかったとみなされがちですが、遊牧民には肉と乳製品がありましたから、実際は南の農耕文化圏の一般農民の方がよほど重税に苦しみ、栄養状態も悪く貧弱だったのです。とはいえ国家経営にはお金がかかり、北方草原の遊牧世界には、独自に国家を運営し、税役を集めるための官僚機構を維持していくだけの資源・財物が恒常的に不足していました。そのために、それらを、南方の富裕な農耕定住世界に求めざるを得なかったのです。そしてそれを可能にしたものこそ、馬の存在と騎馬軍団による卓越した軍事力でした。軍事力の根幹となる馬は南の農耕世界でも必要とされますから、北から南への数少ない高額輸出品でもあったのです。

3 北の遊牧国家・突厥と南の中華王朝

本節以下ではユーラシア東部の「夷狄 対 中華」の典型として、夷狄の突厥と中華の北朝〜隋唐諸王朝との国際関係を取りあげたいと思います。ただし南の中華王朝と北の遊牧国家・突厥との国際関係は、隋・唐に先行する諸王朝、すなわち北魏が東西分裂した東魏⇓北斉と西魏⇓北周にまで遡って考えなければなりません。

五四五年、拓跋《たくばつ》氏が王族の西魏で政治の実権を握っていた宇文泰《うぶんたい》が、酒泉胡の安《あん》諾槃陀《だくばんだ》を公式使節団の長として勃興直前の突厥に送り込みました。当時の突厥は、モンゴリア西部のアルタイ地方にあって、長らくモンゴル高原全土を支配する柔然《じゅうぜん》国家に鉄製品を差し出す隷属部族となりながらも、ようやく実力をつけて隷属状態から脱しようとしていたのです。そして遂にそのチャンスがめぐってきました。その時の様子が『周書』突厥伝に記されています。

「(西魏の)大統一一年(五四五年)、(後の北周の)太祖(＝宇文泰)は酒泉胡の安諾槃陀をそこ(突厥)に遣《つか》わした。その国では皆が、「今、大国の使者がやって来た。我が国はこれから興隆するであろう。」と言って喜び合った。」

酒泉胡とは酒泉のソグド人を意味し、酒泉(粛州)は現在の甘粛省で、河西回廊と呼ばれた中国本土と西域を結ぶ幹線道路の通過地点にありますから、西魏の中心である長安一帯とアルタイ地方とのちょうど中間に位置します。その酒泉に本拠のあった安姓(すなわちブハラ出身)で諾槃陀《ダクバンダ》(吉田豊説によれば「アナーヒタ神の僕《しもべ》」の意)というソグド語の名前を持つソグド人が、外交使節として選ばれたのはきわめて自然でした。実際、それからしばらくした五五二年、ブミン可汗に率いられた突厥は柔然を打倒してモンゴル高原の支配者となり、急速に領土を拡大していきます。恐らくその背景には西魏からの物心両面の支援もあったことでしょう。

突厥が勃興した六世紀中葉は、ちょうど東魏と西魏(先行する北魏が東西分裂したも

「北魏から隋唐までの変遷表」

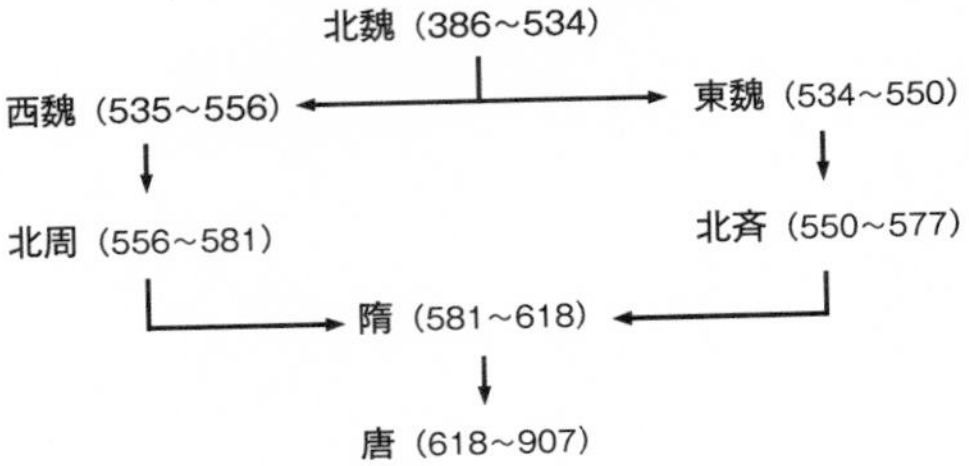

の）がそれぞれ北斉と北周に名を変える頃でありました。この両王朝の名称変更は、北魏以来の王族・拓跋氏を皇帝として戴きながらも実権を掌握していた東魏の高氏（高歓の息子の高洋）と西魏の宇文氏（宇文泰の息子の宇文覚）とが、強制的に皇帝位を譲らせたことを意味します。

北中国に分立した北周・北斉の両王朝では、柔然に代わって草原世界に覇を唱えた突厥第一帝国（五五二〜六三〇年）に軍事的に対抗することはかなわず、常に突厥から掣肘《せいちゅう》を加えられ続けます。『周書』突厥伝には、次のように伝えられています。

「（第三代の木杆可汗《ムカン》）以来、突厥は富強となり、中華を凌《しの》ごうという意志を抱くようになった。北周の武帝（高祖、宇文邕《よう》）は木杆可汗（在位五五二〜五七一年）の娘を娶《めと》る競争において北斉に勝利し、北周の朝廷はすでに突厥と和親して、毎年、繒《きぬ》・絮《まわた》・錦《にしき》・綵《あやぎぬ》という多種多様の絹製品一〇万段を贈っていた。突厥人で京師（長安＝西安）に滞在する者は丁重にもてなされたので、錦を衣服とし肉を食している者は、常に千をもって数えるほどたくさんいた。一方、北斉の人もその（突厥の）侵略を懼《おそ》れ、やはり宮廷や国家の財物庫を傾けて（突厥に）贈り物をした。」

互いにしのぎを削っている北周・北斉はなんとしても突厥の歓心を買って自己に有利に働いてもらうよう物資援助や婚姻関係などで配慮せざるを得ず、片や突厥は北周・北斉の対立関係を利用して北から南をコントロールできたわけです。

この勢いを受け継いだ突厥の第四代・他鉢可汗《タトバル》(在位五七一~五八一年)は、あの宇文泰の孫娘である千金公主を娶っていました。『周書』突厥伝によれば、その彼が北中国で分立する北周と北斉に対して、「南方にいる二人の息子(北周と北斉)が孝順であるかぎり、我らにどうして物資欠乏の心配があろうか」と豪語したと伝えられています。従来この言葉は、略奪・歳幣などによって贅沢三昧をしていた突厥可汗の傲慢さを表わしたものと見なされてきましたが、私見によればそうではなく、これこそまさしく前近代世界システムを体現し象徴する言葉であると理解すべきなのです。

経済基盤の脆弱な遊牧を主とする国家にとって、最大の困難は旱魃・霜雪などの自然災害なのです。まさにこの突厥第一帝国だけでなく、九世紀の東ウイグル帝国も、一四世紀の大元ウルス(元朝)も、自然災害が国家滅亡の一大要因となったのです。自然災害や疫病などによって家畜の大量死という饑饉状態に陥った時、いつでも援助してくれる国家が南に控えていれば、これほど心強いことはありません。先の他鉢可汗の言葉は、もちろん突厥側の軍事的優越感から発せられたものではあるでしょうが、それと同時に彼の大きな安心感をも代弁していると捉えるべきなのです。

結局、私の提唱する「前近代世界システム」とは、北方の遊牧国家側が不足する資源・財物を南方の農耕国家側から獲得する手段として侵攻・略奪と表裏一体で「歳幣」「徴税」「交易」という複数の回路を構築し、それによって吸収した資源・財貨を国内で再分配することによって国家を運営するシステムができあがった状態をい

【図1】ブグト碑文（著者撮影）

【図2】昭蘇県石人（著者撮影）

うのです。そして突厥と中華王朝との間に立ってそのシステムを支えたのが、ほかならぬソグド商人だったのです。

ソグド商人という言い方がよく知られており便利なためここでも使いますが、実際は突厥と中華王朝との間に立つソグド人には商人だけでなく軍人・政治顧問・外交官・通訳などがおり、場合によっては一人で二役も三役もこなしたのです。当時の中央ユーラシア東部の国際共通語がソグド語であったことは、もはや説明する必要はないでしょう。付言すれば、ソグド語が突厥第一帝国の公用語となっていた事実は、モンゴリアのホイト＝タミル河（オルホン河支流）流域にあるブグト碑文【図1】と天山中部草原にある昭蘇県の石人の下半身に彫られたソグド語銘文【図2】の存在によって裏付けられました。両者はともに突厥第一帝国の公式モニュメントであり、国内のみならず周辺諸国からの使者たちにも見せることを狙って六世紀末〜七世紀初頭に建てられたものですが、その言語は漢語でもトルコ語でもなくソグド語だったのです。

上に引用した『周書』突厥伝の記事に、北周から突厥へ毎年一〇万段の絹織物が贈られていたとありましたが、それほど大量の絹織物を人口の少ない突厥の王侯貴族や各地の首長たちゃ一般民衆が消費したはずはありません。絹は遊牧民の普段着には適しませんから。当時の絹織物は国際的な高額貨幣だったのであり、それを有効に流通させ、国家運営に必要な物資を農耕都市文明圏から獲得することができたのは、ひとえにソグド人のお陰でした。彼らは当時の中央ユーラシアにソグド＝ネットワークともいうべきものを作り上げており、そのソグド＝ネットワークは商業ネットワークとしてだけでなく、外交ルートとしても活用されたのです。

4 外交で活躍したソグド人・安吐根

前節では外交で活躍したソグド人の例となる酒泉胡の安諾槃陀に論及しましたが、ここではもう一人の例を紹介します。それは六世紀前半に同じく酒泉にあった安氏集団（ブハラ出身のソグド人集団）に属していた安吐根《あんとこん》という人物です。なお当時の漢籍に現われる安姓・康姓・史姓の人物がそれぞれブハラ・サマルカンド・キッシュ出身のソグド人ないしその後裔であることは、学界ではもはや常識になっています。

安吐根の一家は曾祖父の時代から酒泉に住み着いており、自分たちはもともと「商胡」すなわちソグド商人であると明言しています。しかし、北魏の末に北魏の国使としてモンゴリアに本拠を置く遊牧国家の柔然《じゅうぜん》に派遣されました。どうやら安吐根は、初めは北魏とも親密な関係にあった柔然可汗・阿那瓌《あなかい》（在位五二〇～五五二年）にその文書行政能力を見込まれて、草原の宮廷に引き留められたようです。

そして何年かを経た五三四年、阿那瓌が、北魏最末期の混乱に乗じて侵攻するための下見を兼ねた使者を北魏に送り込んだとき、同道した安吐根は、柔然が北魏に侵攻しようと画策している内情を北魏の実力者である高歓《こうかん》に密告して恩を売ったのです。

五三四年末から翌五三五年初めにかけて北魏が東魏・西魏に分裂し、柔然の方が外交的に優位に立つようになると、安吐根は自分の本拠のある河西回廊に近い西魏ではなく、かえって遠い方の東魏と気脈を通じるようになりました。すでに前年から、安吐根は高歓にわたりを付けていたことから見ても、彼はよほどしっかりした情報網を持っており、いずれ北魏の実権は高歓の手に移ると見越していたことを窺《うかが》わせます。案の定、分裂直後は、高歓が事実上の支配者となった東魏の勢力が西魏を圧倒したのです。

それから安吐根は東魏と柔然が婚姻によって和親するのに尽力し、五四一年にそれを成功させました。その後も政略結婚の絆は幾重にも結ばれ、安吐根はそれらにも関わりました。この間、彼自身が何度も柔然の使節に随行して東魏に来ていますが、その時は柔然人の正使を助け、ソグド語・漢語を駆使して事実上の交渉役となっただけでなく、必ずやソグド商人としての本領を発揮したことでしょう。前節では、西魏の実力者・宇文泰が酒泉胡の安諾槃陀を公式の使節団長として勃興直前の突厥に派遣したことを述べましたが、それはまさに高歓の東魏と柔然の連携に対抗するためだったに違いありません。

5. 突厥第一帝国後期の胡部の存在と頡利可汗のソグド人優遇策

突厥第一帝国の後期は、中華王朝では北周・北斉に代わった隋・唐の時代に対応し、特に隋代にはそれまでとは逆に突厥側が中華の下風に立つことが多くなりますが、唐朝勃興期には再び逆転し、突厥が優位に立ちます。いずれにせよ、この時代の突厥では、個人としてのソグド人だけでなく、史料に「群胡」とか「胡部」として見えるソグド人の集団ないし聚落の存在が知られるようになります。とはいえその実態は不明であり、分かるのはやはり個人の動向ですから、そこから探っていくしかありません。

まず都藍《とらん》可汗時代（五八八～五九五年）に安遂伽《あんすいか》がいます。かれは可汗の宮廷にまで入り込み、可汗の妻と密通しただけでなく、中華側からの逃亡者とぐるになって、可汗に中国辺境へ略奪に行くようにそそのかしたと言われています。とはいえ最後には隋側のしかけた計略によって、可汗から隋側に引き渡されてしまいました。

次に啓民～始畢《しひつ》可汗時代（六〇五?～六一九年）ですが、康鞘利《こうしょうり》というサマルカンド人が突厥国家の「柱国」という称号をもらっており、唐との絹馬交易に従事しました。さらに安烏喚《あんうかん》というブハラ人と史蜀胡悉《ししょくこしつ》というキッシュ人が、「イルテベル」の称号を有しています。イルテベルというのは、突厥やウイグルなどトルコ系の遊牧国家で、支配下の異民族集団やオアシス都市国家の首長に与えられる称号ですから、この二人は突厥領内にあったソグド人の集団ないし聚落の首領であったに違いありません。と言うことは、北朝～隋で「薩宝／薩保」（原語はsartpawで「キャラヴァン隊長」という意味）という称号をもらった人物たちに匹敵するのではないでしょうか。中華側の言い方では、史蜀胡悉は始畢可汗に重んじられ突厥に有利な政策を授けていましたが、とても狡猾で貪欲だったのです。そこで隋側が国境に近い貿易場に早く到着した者から順に上質の絹織物を提供するという計略をしかけると、それにまんまとはまり、配下のソグド人集団を率いて突厥を抜け出してきた結果、あえなく斬殺されてしまいました。

突厥第一帝国最後の頡利《けつり》可汗が即位した六二〇年は、六一八年に出来たばかりの唐朝内部にまだ多くの群雄が割拠していた時代でした。そこで頡利可汗はまず六二一年、自ら万余騎を率い、朔州（馬邑）の群雄・苑君璋《えんくんしょう》の将兵六〇〇〇人とともに雁門（現山西省）を攻めました。これは失敗に終わったのですが、その後は突厥の攻勢が続いていきます。六二二年には群雄の劉黒闥《りゅうこくたつ》と連合し、頡利可汗自身も数万騎を率いる大軍で山西～オルドス各地を席巻し、六二四年には寧夏の固原方面から長安の北わずか一〇〇キロメートルの所にまで侵入しました。さらに六二五年には、一〇万の軍で山西～オルドス各地を再び蹂躙《じゅうりん》しています。これらの侵入の目的は第一に国家の根幹である男女の人口の獲得を目指し、場合によってはさらに家畜・穀物・絹帛も略奪の対象となっていました。生活必需品ではない絹帛が含まれるのは、背後にソグド商人がいたからでしょう。

六二六年に頡利可汗は、太宗・李世民が父親の高祖・李淵に対して起こしたクーデターである「玄武門の変」による唐の国内混乱を見て取り、少なくとも一〇万以上の軍を率いてなんと長安北郊の渭水《いすい》のほとりにまで侵入して、即位直後の太宗と対峙《たいじ》したのです。中国側の史料では、この時、頡利可汗は太宗の胆力に圧倒されてすごすごと引き上げたことになっていますが、もちろんこれは中国の史臣の曲筆であり、実質的には相当の金帛が唐から突厥に与えられたのです。

頡利可汗の時代にも、康蘇密《こうそみつ》という人物をはじめ多数のソグド人が突厥宮廷にいるのは従来通りでした。ところが驚いたことに、頡利可汗は常日頃からソグド人たちに国家経営をまかせ、同族である突厥人を疎遠にしていたというのです。さらに漢人側の表現によれば、「ソグド人というのは貪欲であり、性格にも裏表があり節操がない。それ故、国の法令があっても、商品の獲得をめざしてやたらに周辺諸国家への略奪行動を勧めるから、戦争が絶えないのである。突厥の主だった者たちはこれを憂え、国内の諸部族は二心を抱くようになった」、と言われています。つまりソグド人は当時の遊牧国家にとって、両刃《もろは》の剣だったということです。結局、六三〇年、突厥第一帝国は唐によって滅ぼされ、大量の突厥人と共に相当数のソグド人も唐国内に流入してくることとなりました。

6 おわりに

本稿で取り上げた突厥第一帝国だけでなく、続く突厥第二帝国（六八二〜七四四年）や東ウイグル帝国（七四四〜八四〇年）においても、これらモンゴリアの遊牧国家側に蓄積された膨大な量の中国産絹織物、並びに自前で産み出す馬などの高級商品は、主にソグド商人の手によって東西トルキスタンから西アジア・東ローマへと運ばれ、見返りに遊牧国家側は西方産の高級商品（例えば金銀器）を獲得し、それを国家経営のために再分配したのです。ゆえに前近代世界システムと奢侈品の交流ネットワークとしてのシルクロードは表裏一体なのであり、だからこそシルクロードという学術用語を近代にまで使うのは不適切なのです。一般社会で何らかのキャッチフレーズとして使い続ける分には仕方ありませんが、学界ではもう近代に入ってからの歴史用語としてシルクロードを使うことだけは避けていただくよう願う次第です。

ソグド人の信仰・文化・生活とソグド語文献

吉田　豊

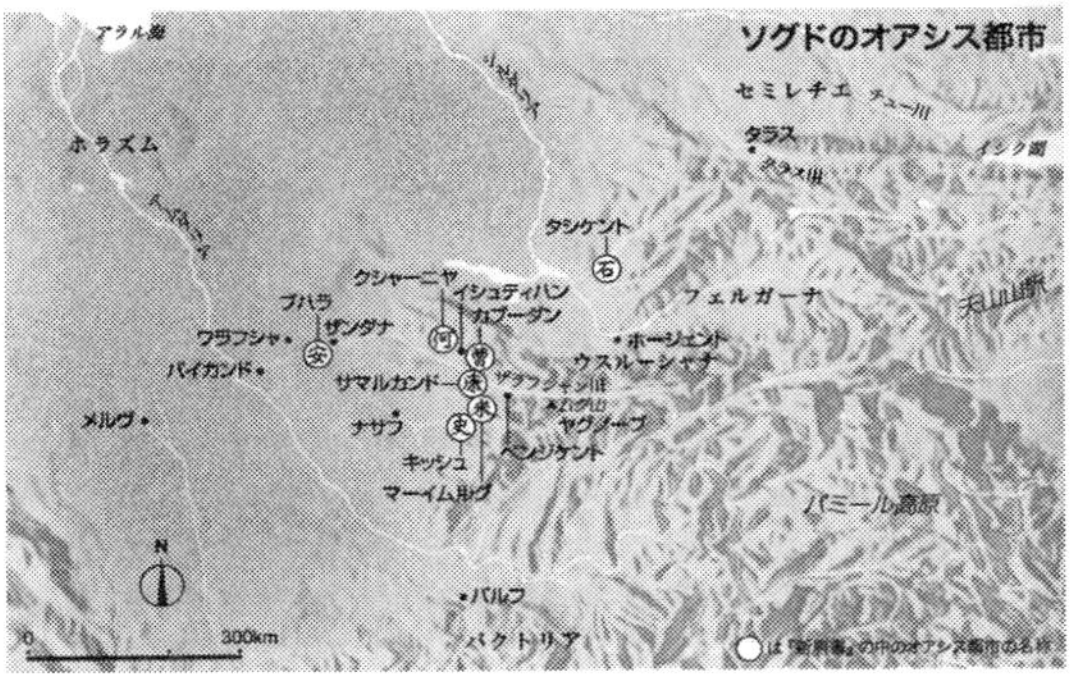

【図1】
ソグドの地図

0. はじめに

唐代以前シルクロードで活躍した交易の民として有名なソグド人は、イラン系の民族で、アム川とシル川に挟まれた地域を東から西に流れるザラフシャン川流域を故国とする。その中心はサマルカンドであった【図1】。現在のウズベキスタンの南部とタジキスタンの北部にあたる。この地域は8世紀頃から徐々にイスラム化し、10世紀にはイスラム圏の一地方になった。本稿では、ソグド語文献の研究者である筆者から見た、ソグド人のイスラム化以前の宗教や文化について解説することにする。

1. ソグドの「山田太郎」ナナイヴァンデ

今はあまり見なくなったが、履歴書などの見本で、個人名の部分には男性の場合「山田太郎」と書いてあることがある。これは架空ではあるが代表的な日本人の個人名を示し、英語圏ではJohn Smithがそれに当たるという。ソグド語でそれに当たるのはナナイヴァンデ (nnyβntk) であろう。これはソグド語文献で最も頻繁に見られる男性の名前で、最近発表された漢文とソグド語のバイリンガルの墓誌でも、北斉の天統二(566)年に鄴《ぎょう》で死んだソグド人はその名前だった。漢文版では商客と呼ばれ、名前は遊涅涅槃陀《ゆうでいでいばんだ》とある。「涅涅槃陀」はソグド語のnnyβntkを漢字で音写している。ナナイないしはナナは本来メソポタミアの女神であったが、ソグドやバクトリアなどの東イランで広く信仰された。ゾロアスター教の女神アナーヒターと習合したとされる。ヴァンデ(βntk)は「男の奴隷」を意味するソグド語で、ヴァギヴァンデ(βγyβntk)「(ミスラ)神の僕」、マーフヴァンデ(m'xβntk)「月神の僕」など「～神の僕」を原義とするソグド語の人名は多い。瓜州で玄奘の案内役を買って出た若いソグド人は石槃陀《せきばんだ》と名乗ったが、その槃陀も同じで、その名前は「(神の)僕」の意味である。ナナイヴァンデに対応する女性形のナナイダーイ(nnyδ'yh)も知られていて、ダーイは「女奴隷」を意味する。このように、ソグド人の信仰は人名に非常によく現れている。それでは問題のナナ女神はどのような姿をしていたのであろうか。

1-1　カフィルカラの浮き彫り：ナナ女神とサマルカンドの寄進者

２０１７年９月、帝塚山大学の宇野教授をリーダーとする日本とウズベク共同発掘隊が、サマルカンドの南10キロメートルほどの所にあるカフィルカラ遺跡を発掘し、見事な木彫の浮き彫りを発見したことは新聞でも報道された。カフィルカラ遺

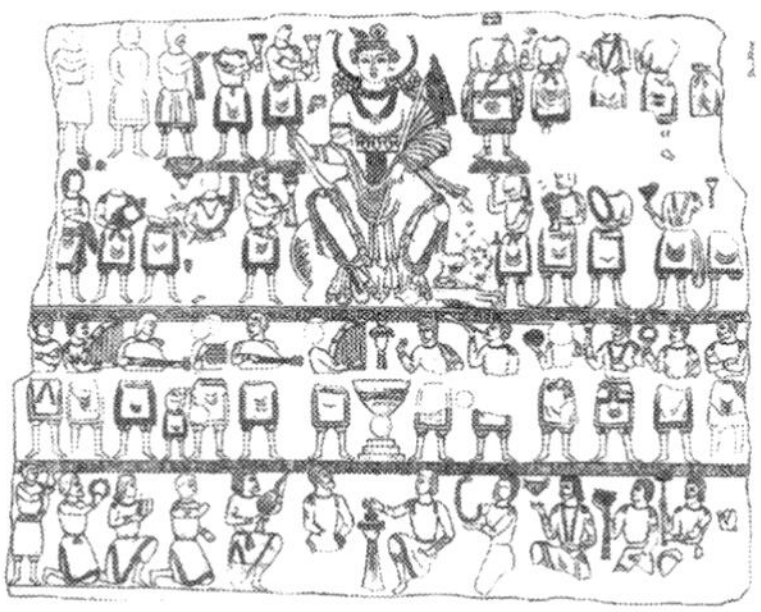

【図2-1】カフィルカラの浮き彫り（長方形）の描き起こし

【図2-2】長方形の浮き彫りのナナ女神

跡はイスラム史料に、イスラム化以前のサマルカンド王の離宮レーウダードとして記録されている城塞都市の遺跡で、アラブ軍により712年にサマルカンドが攻略された時に蒙った火災の跡が確認されている。火災により炭化した状態で発見された浮き彫りは、長方形の板とアーチ型の板の2種類あったが、長方形の方は141センチメートル×124センチメートルで保存状態が良い。それをもとに描き起こした図が公表されている【図2－1、2】。

浮き彫りには中央上部に大きく描かれた獅子の上に座る女神像と、その回りに4段にわたって配列された寄進者像が見られ、45人が確認される。アーチ型の板の中央の最上部にも、女神が二匹の獅子を左右に配した椅子に座っている【図3－1、2】。メソポタミア以来、ナナ女神は獅子に乗ることが知られている。アーチに描かれた方は四臂になっていて、上の方の二臂は日月を手にしている。多臂であることや日月を持つことはインド文化の影響であり、こちらの方が新しい。この新旧のナナ女神像が併存するレリーフは、寄進者の衣装や風貌などから、6世紀、ソグドがエフタルの支配下にあったときの作例だと考えられる。この時代、エフタルの勢力は北西インドからソグドやタリム盆地を含む広い地域に及び、インド文化の影響がソグドにも伝わった。そのためこの時期から神像の表現にヒンドゥー教の要素が顕著に表れるようになる。例えばペンジケント遺跡の壁画ではソグドの風神ウェーシュパルカル（wyšprkr）は三面六臂で描かれている【図4－1】。この場合、壁画の下方にソグド文字でwyšprkrと記してあった。明らかにインドの

【図3-2】アーチ型の浮き彫りのナナ女神

【図3-1】アーチ型の浮き彫り

【図4-2】唐の時代の胡人俑

【図4-1】Wyšprkrの描き起こし

【図4-3】唐の時代の胡人像

シバ神と習合している。実はこれはクシャーン朝下のバクトリアのオエーショ（*onpo*）神に遡る。*onpo*はソグド語のwyšprkrと同源であり、ゾロアスター教の聖典『アヴェスタ』の風神ワーユ（Vāyu）に由来する。

ナナ女神の回りに描かれた人たちは寄進者である。髪を短く切りそろえている。顎髭は剃っている場合が多く、中国で見つかる明器の胡人俑（ソグド人を象った焼き物の人形）とはイメージが異なる【図4-2、3】。帽子もかぶっていない。キャラバンで移動する商人は帽子をかぶりひげ面になっていたのであろう。この時代の男子の正装であろうか、両サイドにスリットのある上着で、腰から下はエプロンのように見える。ブーツにズボンを押し込んでいるのは胡人俑と同じである。それぞれ寄進物を手にしている。確認できるのはいろいろな形状の器物で、おそらく銀器であろう。楽器を携えた人たちは音楽を捧げていると考えられる。そのうちの箜篌《くご》は、正倉院にあるものと似ているということで当初から注目されていた。特筆されるのは、アーフリーナガーンと呼ばれている細長いキノコ型の持ち運びできる拝火壇である。

フランスの中央アジア考古学・ゾロアスター教学の権威であるF.グルネ教授は、ここに描かれた人物のうちナナ女神の足もと向かって右側、ライオンの顔の直前にいる人物が、幅の狭いマスクをしていることに注目している。マスクは火を穢さないためにゾロアスター教の神官がするもので、現在のゾロアスター教徒はパダームと呼んでいる。グルネ教授はまた、神官のすぐ上、一人だけ他の人物と異なり正面観で描かれているのは、錫杖を手にしているサマルカンド王だと考えている。王が他の一般人と同じサイズで描かれているのは奇妙だが、ここに当時のソグドの社会の特徴が反映されているとしている。

シルクロード交易で繁栄した頃のソグドは、古代のギリシアや、ベニスの商人の舞台となった中世末の北イタリアのような都市国家連合体になっていて、各オアシス都市は互いに独立していた。そして各都市に王はいたが、世襲される絶対的な権力者ではなく、都市に所属する有力者（土地を所有する地主や裕福な商人で、後のイスラム史料ではディフカーンと呼ばれた）たちの合意によってその地位が保証された。漢文史料では「国人」と呼ばれていた。『旧唐書』には、康国（サマルカンド）王の泥涅師師《でいでつしし》が神龍《じんりゅう》年間（705－707）に死ぬと、国人はおそらく血縁のない突昏《とつこん》を王に立てたとある。漢文史料の国人はソグド語ではナーフ（n'β）「人民」に当たると考えられ、グルネ教授は、この浮き彫りは当時のサマルカンドのナーフの一種の集合写真のようなものだと言っている。当時のソグドのこのような社会構造は文化にも反映されていて、ササン朝に見られるような国家の威信を示すモニュメンタルな建築や芸術作品はソグドにはなく、有力者の邸宅の壁画に代表される、小規模で個人的かつ貴族趣味的な美術作品がソグド文化の特徴であるとされる。またササン朝のゾロアスター教のような国家宗教とそれを支える教会組織は存在せず、神官の地位は低かった。ササン朝では神官たちが文書行政や司法を牛耳っていたのと対照的である。そのこともあって、おおむね異教には寛容であったようだ。

このように、ソグドの故地の発掘によって出土する遺物や、わずかではあるが存在する文献資料によって、ソグド人の宗教・文化について見てみることはある程度可能である。とりわけサマルカンドの東60キロメートルにあるペンジケント遺跡で見つかる壁画などの造形資料は参考になり、研究文献も多い。

2. ソグド人固有の宗教

イラン系の民族であるソグド人たちの生まれつきの宗教は、現在我々がゾロアスター教と呼ぶイラン民族が古代から受け継いできた宗教である。春分で始まる一年が、各30日からなる12ヶ月と5日からなる短い月で構成される太陽暦を採用し、月の30日はゾロアスター教の神格名で呼ばれている。たとえば第一日はアフラマズダーの日である(『奈良県立大学ユーラシア研究センター学術叢書1』vol. 4 ゾロアストリアニズムと奈良、2022、111頁も参照)。アケメネス朝時代の紀元前5世紀に導入されたこの宗教暦は、イラン文化圏で共有され、ソグドも例外ではない。ゾロアスター教として現在我々が見ることができるのは、ササン朝時代からの伝統を受け継ぐペルシアのゾロアスター教徒たちが伝承する宗教儀礼と聖典である。しかしササン朝の国教としてのゾロアスター教は、かならずしもソグドのそれとは同じではなかった。

中国ではこのソグド人が信仰するゾロアスター教を祆教と呼んだ。その「祆」は7世紀の前半に新たに作られた専用の漢字であった。そのためソグドのゾロアスター教を、ササン朝のそれと区別して「マズダ教」、「ソグドの宗教」と呼ぶ研究者がいる。ナナ以外にもギリシアの神格デーメーテールに由来するジーマト

(δrymt)神、オクサス川の神格ワフシュ(wxwšw)、漢文史料で得悉神として記録されたタフシーチュ(txsʾyc)神などもソグドではポピュラーだったが、ササン朝では知られていない神格である。名前が違う場合もあり、正統派のウォフマナフはアヴィヤーマン(ʾβyʾmn)と呼ばれていたようだ。アフラマズダーもソグドではタブーのために直接その名前で呼ぶことはなく、アードゥヴァグ(ʾʾδβγ)「最高神」と呼ばれ、アフラマズダーの名前は月の一日の名前でしか聞かれなかった。またササン朝では新年が本来の春分からずれてしまった関係で暦の改革が行われ、5日からなる短い月は8番目の月の直後に移動したが、ソグドではもとのまま一年の最後に置かれていた。さらにササン朝の正統派では禁じられていた偶像崇拝は、ソグドでは盛んで、壁画には多種多様の神格が描かれている。

ソグドの宗教が、正統派のゾロアスター教とどれほど異なり、またどれほど似ていたのかは、ソグド語で書かれた宗教文献が豊富にあれば、両者を比較することによってある程度理解できるであろう。しかしながら現在まで残されたソグド語文献は、ソグドの歴史や固有の宗教・文化を知るためには、一般の人が予想するほど役に立たない。それでなくても多いとは言えないソグド語文献の大半は、一部のソグド人が改宗した仏教、キリスト教、マニ教の文献で、ソグド人固有の宗教や文化とは無関係だった。しかもそのほぼすべてが漢文やシリア語、中世ペルシア語などの原典からの翻訳であり、固有の文化はほとんど反映されていない。さらにそれらが出土するのは、ソグド人の故国ではなく、遠く離れた敦煌とトルファンである。景教(いわゆるネストリウス派のキリスト教)、摩尼教、祆教は唐代の三夷教と呼ばれたが、ソグド人の民俗宗教である祆教は布教の必要がないため、祆教文献が漢訳されなかったことも見逃せない。

むろんソグド本土からもソグド語文献は見つかるが、貨幣の銘文や陶片に書かれた零細な資料が大半で、実質的な内容を伴わない。例外はムグ文書と呼ばれる80点あまりの世俗文書である。これはペンジケント王デーワシュティーチュ（在位～722）が、アラブ軍と戦ったとき立てこもったムグ山上の砦の遺跡で発見された。ペンジケントから東に60キロメートルほどの所である。主に在位末期の書簡や帳簿類であって、ソグド人の文化を反映したものではない。そのような次第で、今に残るソグド語文献には、ソグド固有の文化を伝えるものはほとんど見つからないが、ここではわずかに存在するいくつかの関連する文献を紹介し、壁画のような物質文化との関連について解説することにする。

2-1　ソグド語のゾロアスター教文献

最近まで我々が目にしているソグド語の写本には、ゾロアスター教の文書はないと考えられてきた。しかし近年になって、従来マニ教文献と考えられていた敦煌出土の二つのソグド語写本が、ゾロアスター教文献であることが指摘されている。その内の1点は、京都国立博物館が所蔵する守屋コレクションに含まれる漢文仏典（大智度論）の裏に書かれたテキストで、1979年に筆者が発表した【図5】。ゾロアスターが最高神に死後の魂の運命について質問するという内容で、仏教でもキ

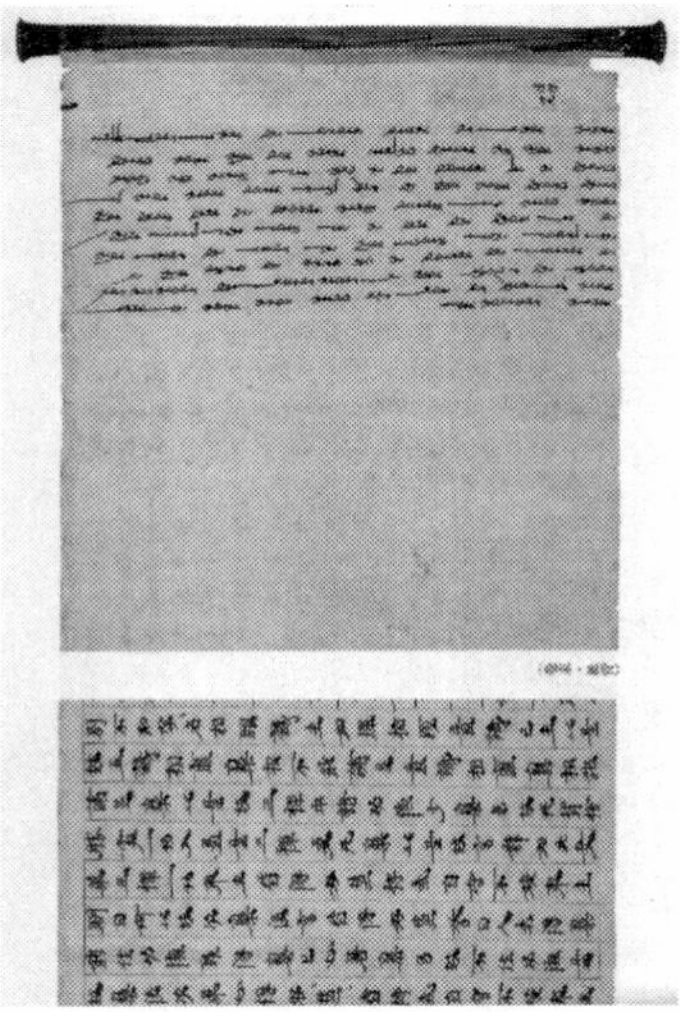
【図5】守屋文書

リスト教でもないこの文献を、当時筆者はマニ教文献だと考えていた。実は似たような内容の敦煌出土のソグド語文献で、大英図書館が所蔵するテキストをマニ教文献だとする研究が、恩師であるシムズ＝ウイリアムズ教授によって１９７６年に発表されていた。草書体の書体から判断して、どちらも８～９世紀の写本であろう。ちなみに日本にあるソグド語文献が解読されたのはこの文書が始めてだった。１９９４年になって、この二つの文献が、ソグド語で書かれたゾロアスター教文献であることが、グルネ教授によって指摘された。その二つテキスト（どちらも断片）を和訳してみよう。ちなみにソグド文字はこの頃には縦書きされていたようだが、研究者は、もとは右から左に横書きされていた関係で、横書きとして写真を提示することが多い。

守屋文書

義者ゾロアスターは尋ねた。おお、父であり技巧みなる最高神（＝アフラマズダー）よ。どうぞ次のことを私に説明してください。このような定めはあるのでしょうか。つまり、地上で死んだこの魂に、その後このような定めはあるのでしょうか。すなわち、自分の家に来ることができますか、できませんか？死んでから、父親は息子に、息子は父親にまみえるでしょうか、母親は娘に、娘は母親に、姉妹は姉妹に、兄弟は兄弟に、さらに一族は一族に、親族は親族に、友人は友人にまみえるでしょうか、まみえないでしょうか？もし息子がすばらしいなら、彼の父親の魂に満足はあるのでしょうか……

グルネ教授は、この文書にある義者の死後の運命についての議論が、正統派のゾロアスター教文献である『ブンダヒシュン』の34章と並行することを指摘された。

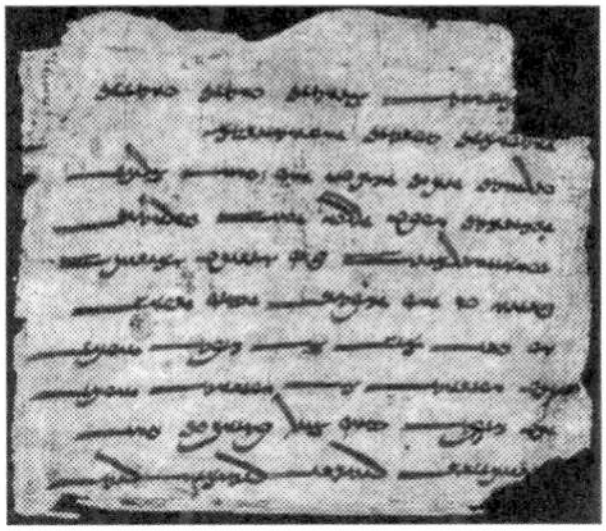
【図6】大英図書館蔵のゾロアスター教文献

大英図書館の文書

冒頭の2行に通常のソグド語では理解できない一節がある【図6】。それはローマ字転写すると次のように読める：[……] mwyšt myšt'y wšt'y wšt'' y 'štwxm'y twrt'y 'xwšt'yrtm（ソグド文字は子音文字で母音を表記する文字はない）。そしてそれに続く部分は通常のソグド語で書かれていて、それは次のように翻訳される：

> 神々の帝王であり、讃えられ、技巧みなる最高神（＝アフラマズダー）が香しき天国（＝光り輝く歌の家）において、良き思考の中にあったその時、その場所に、全き正義持てるゾロアスターが至り、左膝から右に、そして右膝から左に（跪いて）最高神に礼拝した。それから最高神に申し上げた「善行の裁き手、法に従い判決する、法を……

ゾロアスターが跪く所作を表現するこの独特のフレーズは、そっくりそのまま現行の『アヴェスタ』の「ヤシュト書」17章22節などに見える。天国を表すロフシュ

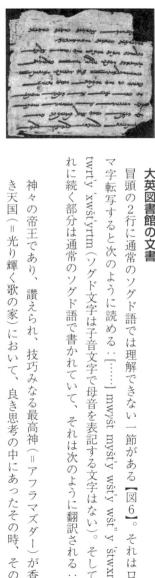

ナーガルドマン（rwxšn' γrδmn）はアヴェスタ語のラオフシュヌムガロードゥマーヌム（raoxšnəm garō. dmānəm「（原義）明るい歌の家」）に遡る。何よりも驚かされたのは、当時シムズ＝ウイリアムズ教授の指導教官であったであったゲルシェヴィッチ教授が、冒頭の意味不明の文字列が、紀元前に話されていた古代のソグド語を表記しており、それがアヴェスタ語で伝承されている祈祷句のアシュムウォフー（Ašəm Vohū）に対応することを発見したことであった。例えばアヴェスタ語のアシュム（ašəm）は、さらに古い段階ではルタム（*rtam）と発音されていたはずであるが、この呪文の末尾のrtmがそれに当たる。この語が当時のソグド語に残っていれば、ウルトゥ（*ərtu）のように発音されていたはずである。我が国のイラン学者の伊藤義教教授は、アヴェスタ語のこの呪文を「天則《てんそく》は最勝《さいしょう》のよきものである。それは思いのままにおわします。それは、われらのために、その思いのままに（おわします）。願わくは天則が最勝の良き天則のために（おわしますように）。」と翻訳しておられる。「天則（＝世界の秩序）」と訳されているのがašəm ＜ *rtamである。

このようにわずかながら残されたソグド語のゾロアスター教文献のほうは、むしろササン朝の正統派で伝承されている文献と非常に似ていることが明らかになり、ソグドの宗教をめぐる謎が深まったのである。

3. ペンジケントの壁画資料（1）ソグド語の『アヴェスタ』？

ペンジケント遺跡は、722年にアラブの攻撃で一端は焼け落ちたが、740年頃復興し

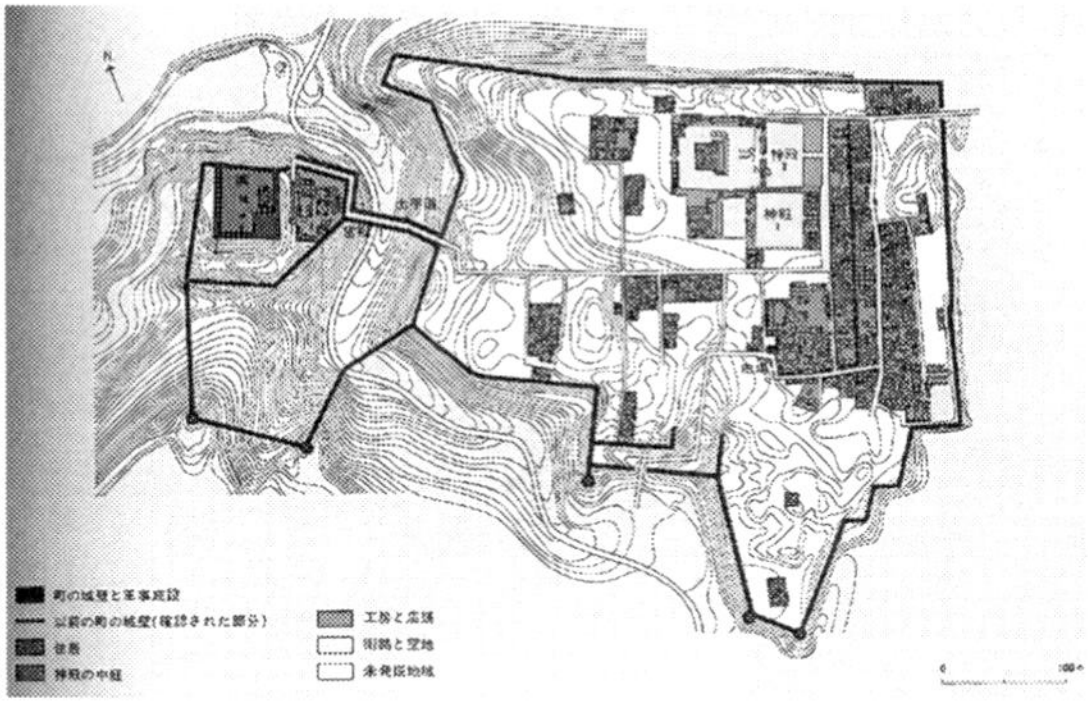

【図7－1】ペンジケント遺跡

その後30年ほど存続した。しかしその後は完全に放棄されたため、イスラム化以前のソグドの都市の様子がよく残っている。そしてエルミタージュ博物館のスタッフにより、１９４６年以来ほぼ毎年のように発掘が続けられている。イスラム化以前のソグドの文化を研究する際には、ペンジケント遺跡は特別な存在になっている。ソグドが大きく発展した5世紀に遡る新興の都市ペンジケントは、19ヘクタールのこぶりの都城に巨大な神殿が二つ並んで存在していた【図７－１】。南側の第一神殿には火の祭壇が置かれ、北側の第二神殿はナナ女神の神殿であったと考えられている。ナナ女神はペンジケントの守護神の地位を得ていた。ペンジケント遺跡の発掘で発見された遺物で最も注目されているのは、市内の大型の邸宅の中の主要な部屋、とりわけ応接間に描かれた壁画である。エルミタージュ博物館のＢ.マルシャーク教授が生前心血を注いだテーマである。彼は１９５４年からペンジケント遺跡の発掘チームに加わり、１９７８年からはリーダーとして発掘を指導しておられたが、２００６年の発掘中に急逝した。ペンジケント壁画やソグド銀器など、ソグドの造形文化について現在行われている解釈は、実質的には彼のものだと言っても過言ではないだろう。

　ペンジケントで見つかる邸宅の応接間の壁画は、部屋の四方の面を飾っていた。入り口から見て正面の壁には、邸宅の主人が信仰する神格の絵が大きく描かれ、その脇に供養者たる主人夫婦が、小型の拝火

【図8】ペンジケント壁画に描かれた大きな書物

【図7－2】邸宅の応接間の壁画の復元図

壇を前にして小さく描かれている。残りの面は何層かに区分され、祝宴のシーンや叙事詩を絵画化したと考えられる英雄の闘争シーンなどが見られる【図7－2】。時系列で展開する物語は、山などの自然の障害物でシーンを区分けして図示される。壁の周りには人が腰掛けるためのスーファと呼ばれる段差があるが、そこに座った人からすぐ見える一番下の層は、小さな長方形の区画に区切られ、イソップ物語のような寓話や説話の一シーンが描かれることがあった。

ところで、上で紹介した敦煌出土のテキストのようなゾロアスター教文献が、壁画に描かれていることはあるのだろうか。この点に関してはペンジケント遺跡XXVI区、3号室の壁画に大きな洋装の書物が描かれていることが注目される【図8】。その中から飛び出している神格をグルネ教授は、スラオシャ（Sraoša）神と考えている。この神はタヌマンスラ（tanu. maθra）「聖なる言葉を身体とする」という形容辞で呼ばれるからであるとする。この大型の書物こそは、ソグドで伝承されたゾロアスター教の聖典であろう。確かに敦煌で見つかる二つの文献はゾロアスターが登場し、聖句まで残されているのであるから、ソグド語の『アヴェスタ』の一部だったと考えられる。ちなみにキヤヌーシュ・レザーニヤー教授は、この神格を死後の魂を迎えに来る女神デーン（アヴェスタ語のダエーナdaēna）ではないかとされる（『奈良県立大学ユーラシア研究センター学術叢書1』vol.4　ゾロアストリアニズムと奈良、２０２２、117頁参照）。事程左様に壁画の図像の解釈は難しく、しばしば研究者によって異なる神格に比定される。

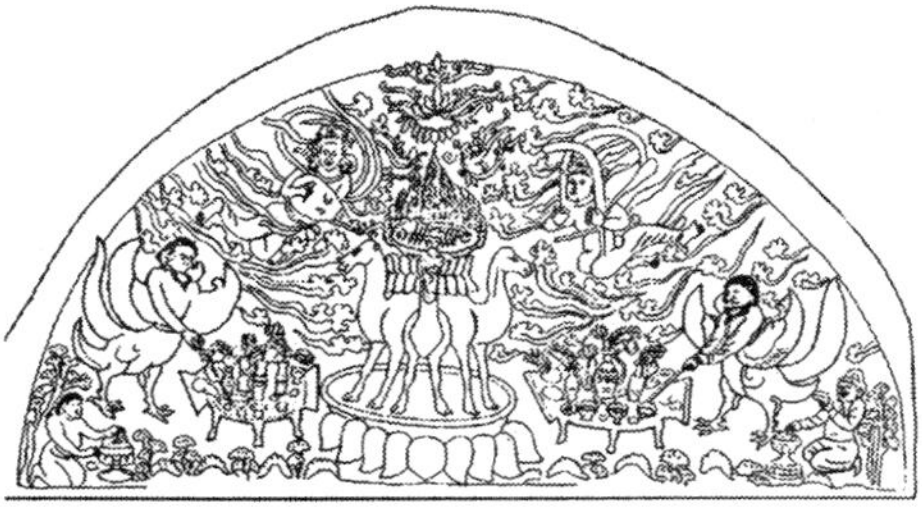

【図9】安伽の墓室
入り口上部のレリーフ

西安で見つかったソグド商人安伽の墓室の入り口上部の半円形部分には、大きな火の祭壇の前に立つ二人の神官とその脇に小さく描かれた夫婦の彩色浮き彫りがある【図9】。漢文の墓誌によれば安伽は579年に死んだ。描かれた夫婦は被葬者であろう。向かって右の小型の拝火壇の前で小さな本のようなものを持っているのは男性で、左側は女性である。女性は火に何かを焼くべている。おそらくお香であろう。現存する『アヴェスタ』には、信者が日々の祈りのために使う章句を集めたホルダアヴェスタ（khorda avesta「小さなアベスタ」）という小冊子があるが、男性が手にしているのはまさにそれで、そこには敦煌写本に見られるようなソグド語のテキストが書かれていたのであろう。ペルシアのゾロアスター教徒の伝承では、サマルカンドには、ゾロアスターの教えが黄金の板に刻まれて存在したが、アレキサンダーがそれを燃やして海に棄てたということになっていた。ペルシアのゾロアスター教徒も、サマルカンドに聖典が存在したという認識を持っていたのである。

ところで安伽の浮き彫りでは、パダームをつけた神官が二人描かれているが、下半身は鶏で極めて奇妙な姿をしている。これはアベスタ語でスラオシャーワルザ（sraošā.varəza原義「スラオシャ神のために働く者」）と呼ばれている神官であるとされる。時をつくる鶏は、夜明け前に眠気に襲われ火の世話を怠る神官に警告を与える者として、スラオシャ神の助手と見なされた。そのスラオシャ神は、死後の魂があの世に到達するまでの間の守護神でもあった。その意味でこの有翼の神官は死後の世界で祭儀を行っていることになる。

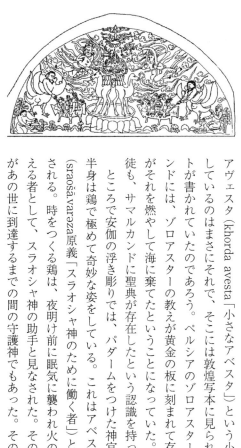

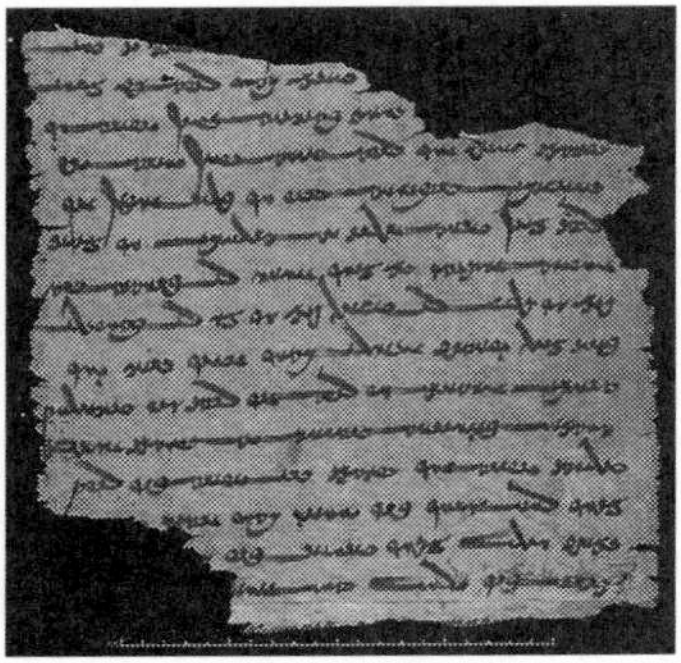

【図10】大英図書館所蔵のルスタム文書；裏面に「胡秦王伝一巻」とある

4 ペンジケントの壁画資料（2）ルスタム物語

大英図書館蔵のゾロアスター教のテキストはソグド語文献のなかではきわめてユニークだが、それと全く同じ書体で書かれた写本が敦煌で見つかっており、その内容も驚くべきものだった【図10】。同じ書記（神官？）が書写したに違いないこの写本は、イランの英雄ルスタムの悪魔退治の物語が書かれていた。英雄ルスタムは、フィルドゥーシーが古い伝承に基づき11世紀初めにペルシア語で完成させた『シャーナーメ』にも登場することで有名である。興味深いことにこの写本の断片の裏には、漢字で「胡秦王伝《こしんおうでん》一巻」と書かれていた。「秦王」は唐の二代目の皇帝太宗（在位626－649）の即位前の呼称であるが、後に伝説化していた。ルスタムを胡、つまりソグドの秦王と呼んでいたことは興味深い。難解なテキストで不明の語も残っているが、このテキストを翻訳してみよう。

「…魔法…悪魔たちはたちまち城へと逃げ去った。ルスタムはまさに城門まで追いかけて行った。多く（の悪魔たち）は踏みあうことによって死んだ。千人がかろうじて城に近づきそこに入り、城門を閉じた。ルスタムは引き返し、大きな喝采の中すばらしい牧草地に行き、（そこに）留まった。ルスタムは鞍を取り上げ、馬を草地に放った。ルスタム自身は休息し食べ物を食べ満腹になり、敷物を広げ横になり眠り始めた。悪魔たちは相談と策略（？）の最中だった。

互いに次のように言った：「たった一人の騎士のためにこの城にこんなふうに避難したということは、私たちからすれば（これは）たいへんまずいことで

【図11-1】エルミタージュ博物館で復元されたペンジケント壁画

大きな恥だった。(ここから)出て行こうではないか。我々全員が死んで終わるか、(我々の)王様たちの復讐をするかのどちらかだ。」

わずかに残っていた生き残りの悪魔たちは、大きくて重い甲冑を堅固な武器と共に準備し始めた。(そして)大慌てで城門を開けた。多くの射手、多くの戦車に乗る兵士、象に乗る騎士、怪物に乗る騎士、豚に乗る騎士、多くの狐に乗る騎士、多くの犬に乗る騎士、多くの蛇やトカゲの上に乗る騎士、多くの歩兵、まるでハゲタカやコウモリ(?)のように多くの空を飛んでいく者、頭を下に足を上に向けた上下が逆の多くの者たち、彼らは咆哮しながら音を立てて進んだ。大きな嵐を起こし、雨、雪、雹、大雷鳴をあげた。顎をぱっくり開け火、炎、煙を放ち、ルスタムを探して出発した。

聡明なラクシュは(主人のもとに)帰ってきて、ルスタムを目覚めさせた。ルスタムは眠りから勢いよく立ち上がり、素早く豹皮の衣服を着た。矢筒を装着し、ラクシュに騎乗し、悪魔たちの方へと急いだ。ルスタムは、遠くから悪魔の軍隊を見たとき、ラクシュに次のように言った。「来い、さあ、少しずつ逃げろ。私たちは「トリックを」して、悪魔たちが(私たちを追いかけて見通しの良い)平原に「行くようにしよう」。」ラクシュは同意した。ルスタムは時を移さずすばやく引き返した。悪魔たちは(それを)見たとき、騎乗する者も歩兵の軍隊も突進した。互いに次のように言った。「今や将軍の希望は挫《くじ》かれた。もうこれ以上我々と戦いを続けることができないのだろう。あいつを決して逃がすな。また殺さず、生きたままで捕まえろ。あいつに酷い罰(と)過酷な圧迫を示してやろう。」悪魔たちは互いに大いに励まし

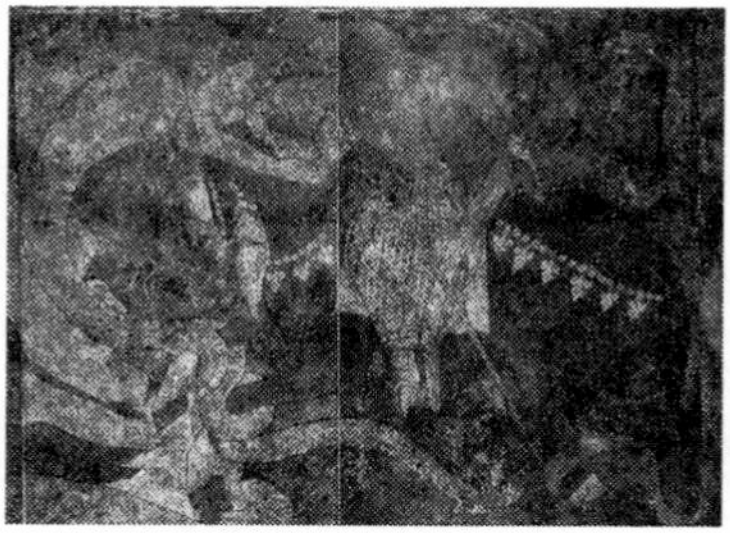

【図11-2】ルスタムの悪魔退治のシーン

合った。みんな叫び声を上げてルスタムを追いかけて出発した。その時ルスタムは引き返し、悪魔たちに対して襲いかかった、まるで獰猛なライオンが獲物（＝鹿）に、或いはハイエナが羊の群れや家畜の群れに、鷲がウサギに、或いはマングースが毒蛇に（襲いかかるように）。彼らに…し始めた…」

我が国の大谷探検隊が、トルファンで発見したソグド語写本の一部が現在旅順博物館に保管されている。その内の1点では、漢文の『妙法蓮華経』の紙背を利用してソグド語のテキストが書写されているが、裏に書かれたそのテキストには、「あなたは純金のように遠くまで輝きますように」とか「あなたは真珠のように穢れないように」というようなフレーズが繰り返されている奇妙なテキストである。興味深いことに、ルスタムやサームも含めて『シャーナーメ』に登場する動物や英雄も見られる。ルスタムの場合「あなたは勇敢なルスタムのように勇敢な騎士でありますように」とある。またルスタムを助ける怪鳥シームルグは、「あなたはセーンマルグ（synmrγ）のように賢くありますように」とある。ペルシア語のシームルグのソグド語形はsynmrγである。このように、ソグド語版の『シャーナーメ』が存在していたことは確実である。

実はペンジケントの壁画のなかで最も有名なものは、このルスタムの叙事詩を描いた壁画である。エルミタージュ美術館では壁画を復元して展示されている。ルスタムは豹皮のズボンをはき、褐色の愛馬ラクシュに騎乗している。ペンジケントで見つかる壁画に対応するシーンは、現存の『シャーナーメ』には見つからないとされる。最近グルネ教授は、ソグド語のテキストに見られるシーンは、壁画の悪魔退治のシーンに比較できるのではないかとしている【図11－1、2】。

【図12】ペンジケント壁画：金の卵を産む鵞鳥の話

5. ペンジケントの壁画資料（3）寓話・説話を描いた壁画

スーファに腰掛けてすぐ見える壁面には、小さな長方形に区切って寓話や説話が描かれる場合が認められた。現代の日本人でもすぐに分かる話もある。ここに示した絵などは、イソップの「金の卵を産む鵞鳥」であることはすぐに分かるだろう【図12】。ギリシア語の話を引用する。

「ヘルメスを崇拝することひとかたならぬ男があったので、神は褒美《ほうび》として、金の卵を産む鵞鳥を授けた。ところが男は、御利益《りやく》が少しずつ現れるのが待ちきれず、鵞鳥の中身は丸ごと金だと思いこんで、一時《いっとき》の猶予もあらばこそ、殺してしまった。その結果、男は期待を裏切られたばかりか、卵までも失った。中身は肉ばかりだったのだ。このように、強突張《ごうつくばり》はしばしば今以上のものを欲しがって、今あるものも失ってしまうのだ。」（『イソップ寓話集』87話、岩波文庫、中務哲郎訳、1999、83-84頁）

ヘルメス神は富と幸運をもたらし、旅人、商業、そして泥棒をも守護する神だと言い、確かにソグド人は「ヘルメスを崇拝することひとかたならぬ男」たちであった。ソグド語文書ではイソップ物語のいくつかの話がマニ教文献に残されている。

マニ教では、信者に教義の内容を分かりやすく説明するために寓話を多用した。それらの中にはソグドの壁画に見られるのと同様、インドの『パンチャタントラ』や『イソップ寓話集』に見られる寓話や説話も残されている。ソグド人の間で実際に流布していた説話を利用していた可能性は高いだろう。ここでは、トルファンで出土したマニ教文献のなかの一つの話を翻訳し、対応するイソップの寓話と比較して見よう。残念ながらマニ教文献の方は始めも終わりも残っていない。

「[…狐は猿に言った:「[…]今日我々の上に立って王たるにふさわしい者には誰がいるでしょう。あなたより優れた者は誰もいません。今や獣たち全員が、あなた様が自在の王となられることに満足しており、まさにあなたを王にしようとしております。といいますのもあなた様の身体の半分は人間に似ており、残りの半分は獣に似ているからです。さあ、玉座に座り獣たちの王となるために急いで出発しましょう。」バカな猿は立ち上がり狐の傍について行った。二匹が[罠に]近づいたとき、[狐は]振り返って[猿]に言った:「[ご主人様]、私たちの面前に良いものが見えてきました。あなた様は幸先が良うございます。腿肉は[まるまるそのままで、…]しておりません。ただただあなた様だけのために[すべて]が与えられ、王様であるあなたが美味しく召し上がるように準備万端になっております。これからあなたは大変なお仕事をすることになるのですから、この腿肉を手にお取り下さい。」バカな猿はこの言葉を聞き、にわかにとても喜んだ…」

ギリシア語の話は以下のようになっていた。

「物言わぬ動物たちの集まりで、猿が人気者になり、王に選ばれた。狐がこれを妬《ねた》んで、罠に仕掛けた肉を見つけたのを幸い、猿を連れていくと、宝物を発見したが我がものとはせず、王家への納め物として守っておりました、と言って、手に取るように勧めた。猿はうかうかと近づいて行き、罠にかかってしまった。さては嵌《は》めおったかと、狐を詰《なじ》ったところ、狐の言うには、「お猿さん、あんたはその程度の分別で、物言わぬ動物たちの王様なのかね」。このように、不用意に事を企てる者は、失敗しておまけに笑われるのだ。」(「王に選ばれた猿と狐」、『同』81話、79-80頁)

金の卵を産む鵞鳥の話以外にも、ウサギとライオンの話、虎の毛皮と骨から実際の虎を生き返らせて、その虎に食べられてしまった三人の学者の話など多くの寓話を描いたパネルが発見されていて、その比定も興味深い。マルシャーク教授による行き届いた研究がある。

おわりに

ソグド本土の宗教や文化を示す遺物には、木彫や壁画以外に、一般にオッスアリ

【図13】ソグドの納骨器；左は二人の神官と拝火壇

と呼ばれる納骨器【図13】、型押しで作った小型の塑像、銀器などがある。これらについては紙幅の関係で触れることができなかった。また敦煌出土のソグド語文献には雨降らしの呪術にかかわるものが1点知られている。北方遊牧民の間で知られているジャダ石を使った、天気を急変させる呪術だが、ソグド語のテキストにはあきらかにゾロアスター教との関連を示唆する部分があり、ソグドのゾロアスター教と遊牧民のシャーマニズムが混淆しているように見える。ソグド人と遊牧民の文化的交流を示すものとして興味が尽きない。謎は多いが、それを解明するために残された資料が極端に少ないことがいかにも悔やまれる。

ソグド人に関する3つの論考

―シルクロード文化を支えたソグド人

菅谷　文則

私が一九九五年にこの学校へ着任する時、西川先生から「日本のことは別の先生がいらっしゃるから、東アジアの考古学をやってほしい」と言われました。キャラバンサライとかシルクロード、中央アジアから中国にかけての考古学をやりなさいとのことでしたので、アジアコースに属することになりました。

最終講義は、採用していただいた経緯から、アジアの話をすることにします。中心は中国ですが、中央アジアへ約二十回、東南アジアに十回ほど行きました。当大学からも、ウズベキスタンやベトナムへ調査に行くなど、南海のシルクロードを調べるためにお金を出していただきました。大学当局はもちろん、学生さんも含めて感謝の気持ちを込めて、話を始めたいと思います。

シルクロードの提起と概念

シルクロードとは、ドイツ人の経済地理学者リヒトホーフェン（一八三三〜一九〇五）によって示された概念です。リヒトホーフェンは、現トルコのイスタンブールから現中国の長安までの間に絹を中心とした交易ルートがあり、内陸アジアを横断・貫通していたことを提起しました。この本は日本で『支那』として出版されていますが、翻訳に約五十年かかり、最終巻が出たのは昭和二七年です。手に入りにくく、当大学にはありません。滋賀大学の経済学部には五巻のうち三巻があります。ドイツ語ではこの交易ルートを「ザイツェンシュトラッセン」と表記されました。その後、イギリスで英語に翻訳された時、「シルクロード」と名づけられ、今日に至っています。シルクロードという道路の名前がかつてあったのでありません。現在、キルギスの首都にあるメイン通りに、シルクロードという名を観光のためにつけてあります。しかしシルクロードというのはわれわれの頭の中にある道であり、このような名前をつけた道路は過去にもありません。

リヒトホーフェンのシルクロードは、イスタンブールと長安、つまりビザンチン・東ローマ帝国の首都と大唐帝国の首都との間の交易路でありました。二十世紀から二十一世紀にはいり、リヒトホーフェンが提起しましたものを、さらに広くとることになり、現在では西ローマ帝国の首都ローマを西限として、朝鮮半島・日本列島を含めた大きな文化交流、あるいは経済交易路をシルクロードと呼ぶことになっています。

そのルートは大きく三つあります。イスタンブールから北回りに行きますと、ちょうどカスピ海、アラル海を通ってモンゴル草原に至ります。「草原の道」とわれわれは言っています。次にアフガニスタンを通り、砂漠の間を縫ってオアシス間を結んでいる道を「オアシスの道」と言っています。そして最後は、イスタンブールからインド洋に出まして、インド大陸、スリランカを経て、インドシナ半島を大きく迂回してベトナムに向かうのが「海の道」です。唐代には林邑国と言う国がありました。そこから東シナ海を経て、朝鮮半島から日本へのルートを考えます。シルクロードを通った最大のものは宗教で、仏教、キリスト教、マニ教、それから拝火教（ゾロアスター教）がありました。さらに芸術など広範な文化交流の結果をシルクロード文明と呼んでいます。

一九八八年にシルクロードに関する展覧会、「なら・シルクロード博覧会」をすることになり、審議会を作りましたところ、「シルクロード文化とか、シルクロード文明という単語を使うのはよくない」という意見がかなりでてきました。文明というのは大きな概念だし、文化とは、シルクロードとは何なのだということで反対もあったのですが、そういった大先生方を説得しまして、「シルクロード文化」「シルクロード文明」という単語を定着するように努力しました。

そして一九九四年になりまして、『シルクロード学の提唱』という本を出しました。この本は、小学館から五千冊を出版してもらいましたが、ニヵ月ほどで売り切れました。それ以来、私は「シルクロード学」という単語を使い、研究しようと決心したのであります。

シルクロード研究の手がかり

シルクロードを研究する手がかりは何かといいますと、中国出土の金銀貨とガラス器の研究だと思いました。金銀貨の研究は、金貨や銀貨そのものの研究と、金銀貨の出土する状況の研究が考えられます。前者はロシアを含むヨーロッパで長い研究がありますが、資料は日本に多くありません。後者は、机上の研究と実際の踏査研究があります。

私は、一九六九年に初めての海外調査を韓国でしました。森浩一・櫃本誠一両先生と三人で、二週間にわたって、輯半島南部を踏査しました。この時三人で、ここからローマまで歩いて行けるのだと実感を込めて話したことを、今も鮮明に覚えています。そして一九七七年には、妻弘子の公立学校教諭の退職金によって、アフガニスタンに一ヵ月程、調査に行きました。西田信晴・床田健治・中井一夫さんらと四人でした。モータメディ館長のお世話になり、情報文化庁のヌリラ氏、私設通訳として雇ったアサード氏と、トヨタ・ハイエースにドラム缶二本半のガソリンを積んで踏査しました。

こうして、金銀貨とガラス器を目指しましたが、日本国内の仕事が多く、胸にひそめた計画となりました。

そして一九七九年から二年間の北京留学によって、初めてシルクロードを実感しました。そうして、いくつかの研究方向が見えてきたのです。

キャラバンサライとキャラバンサライの間には、大きな峠や、道の結節点があり、そこでお茶を飲む場所、休憩所ができます。木を植えて緑の陰を作ります。中央アジアを歩きますと、千年はいったかどうかはわかりませんが、大木があります。大木の周辺は人と文化の結節点でした。中央アジアにはこのような並木道が多くあります。死んで千年、枯れて千年、というような胡楊の並木があり、古代からの道路の存在を示しています。

文字の資料もあります。本日は墓誌のお話をするのですが、文字情報はとても重要です。絵画資料でも、敦煌莫高窟の壁画は美しいと言ってみても、何の意味もありません。その絵は何を意味し、描いているかを考える必要があります。敦煌壁画の画題の多くは経典の絵解きですから、大蔵経との対比が必要です。早くは一九三七年に、松本栄一博士が『燉煌画の研究』を著されて、その大部分を明らかにされました。

シルクロードを通して中国にもたらされた器物では、たとえば中国寧夏回族自治区固原の、李賢（五〇三～五六六）という人のお墓から出たものがあります。李賢は北周の大臣でした。直径十センチくらいのガラス器は、お碗をつくりあげた後、表面の一部を残して砥石で削り、整形しています。タコの水盤のようなものを削り残しています。このようなガラス器は、日本にも一点だけ出土しています。福岡県宗像市の沖の島、日本海玄界灘の小さい島です。そこから、破片が一個出ております。

李賢のお墓からは銀の容器も出土し、それの表面に六人の男女が表現されていて、ギリシャ神話を表しています。福島県の会津若松市におられる穴沢咊光さんが、世界で初めてギリシャ神話と結びつけられました。

史訶耽（六一五～六六九）墓からは指輪の石が出ています。直径一・六センチの中央に、ライオンがおり、背にチューリップがついていて、周囲に字が書いてあります。パフラヴィ文字で、「王さまの御為に」というようなことが書いてあるのですが、私はパフラヴィ語を読めません。そこで友人の津村真輝子さん、山内和也さんに読んでもらいました。チューリップは中央アジアの花、先ほど拝火教とも言いましたが、ゾロアスター教においても、神聖な花です。現在のウズベキスタンとかタジキスタン、キルギスの高いところに野生種があります。

指輪には、宝石や貴石を飾るものと、金や銀のみのものがあります。余談ですが、後者の立派なものを一九六三年、ちょうど大学二年の時に奈良県の新沢千塚一二六号墳で発掘しました。一二六号墳からは、ガラス壺と皿も出土しました。それを発掘できたのは、私の一生のなかでは、再びありえないほどのことでした。そのような若年の時の経験が、大学にきてから研究の関心が中央アジアや寧夏回族自治区に向かっていったのではないかと思います。

ソグディアナとソグド人

さて、シルクロードとソグド人の話をします。

カスピ海から黒海の北岸を通って東北にモンゴルへ行く「草原の道」。インド洋を通っていくのが「海の道」。アフガニスタン、ソグディアナ、フェルガーナ、パミール高原を越え、天山山脈を越える「オアシスの道」があります。

オアシスルートの重要な地はアムダリア川とシルダリア川による沃野を通ります。両川は、アラル海に流れ込んでいます。この湖は環境汚染の代表的な湖です。これほど遠いところの人たちが、奈良時代に日本にもやってきたというのが、今日の話の結論であります。

ソグディアナ地方の説明をします。アフガニスタンとウズベキスタンとの国境の川が、アムダリア川です。「ダリア」というのは「川」という意味です。シルダリア川は、天山山脈とパミール高原から西に流れてアラル海に入ります。この二つの川の間がソグディアナ、つまりソグドの地です。アムダリア川の南はアフガニスタンです。今でもアメリカ軍が困っておりますし、ロシアも攻めあぐねました。

実はソグディアナというのはソグドの地のことでありまして、今のウズベキスタンを中心とした地域です。ギリシャのマケドニアの人たちが記録しました。ギリシャから遠いところでなぜ記録したかというと、アレクサンダー大王が遠征したのですが、インド侵攻のために今のアフガニスタンに来まして、アフガニスタンの北に攻めていったら攻めきれなかった。ここがソグディアナであると聞いたのです。この地域の人は非常に武勇に優れていました。今のどこかはわかりませんが、土豪の小さな城を一つ攻め落とし、豪族オクシュアルテスの娘ロクサネと紀元前三二七年に結婚しました。アレクサンダーの正式な妃は、ロクサネ一人といわれています。そこでともかく和睦をしまして、インドを攻めました。その時ソグドという地名が記録されました。

一九九八年の初めまで、旧ソビエト連邦の中央アジアには五ヵ国があり、現在は全部独立しまして、キルギスタン、タジキスタン、ウズベキスタン、カザフスタン、トルクメニスタンの独立国となりました。「スタン」というのは、「土地」あるいは「国」という意味です。アフガニスタンは元々独立しておりました。従前の歴史では、ここはササン朝ペルシャの領土といわれておりました。ササン朝はイランに首都があってイラクに副都がありました。

一方中国側は、唐の時代に、安西都護府を置きまして、黒海東岸まで支配しました。これは直接支配というより間接支配で、羈縻支配という現地人をもって現地人を支配させました。ソグド人の地は、二重支配を受けていました。西からのササン朝、東からの唐の支配です。タラス河畔の戦いのタラスとか、タシケントとかブハラとか、かつて、NHKが「地球のへそ」といったヒワようなところまで、唐は支配しました。

中国では、南北朝からタシケントのことを「石」と言いまして、中世ペルシャ語（パフラヴィ語）で石は「タシー」で、「ケント」は町です。ブハラのことを、「安」、キッシュ出身は今日何度も申しますが歴史の「史」、サマルカンドのことを「康」などと、出身地の地名を漢字一字で表記し、それを姓とさせました。北朝末期から、ソグドからの移住者を「昭武九姓」と呼んで管理したのです。姓の下には、ソグド語による名の漢字による音訳が加えられています。このため、一般に漢人が名として用いない漢字が、ソグド人の漢字の姓名には用いられることが多い。たとえば、史道洛の祖父は、史多悉多ですが、多悉多は、ドウオシツドウの音訳であります。父の号は盤施であるが、これはバウックの音訳で、「僕」の意味を示すソグド語の転音字であります。

玄奘三蔵はソグドを通り、詳しい記録を残しています。ソグドからアムダリア川をテルメスで渡り、ヒンズクシュ山脈を越えて、バーミヤンに至っています。中国の南北朝から唐代にかけまして、大量のソグド人が移民してきました。ソグド人は経済民族であり、唐代の記録では、「利にさとい」とあります。赤ちゃんが生まれた後、百日のお祝いに、掌に蜜をつけた上、金貨か銀貨を握らせ、きちっと持っている子は金持ちになるという儀式をしました。また舌へ蜜を塗り、歳をとって商売をするときに、耳障りにならない言葉をしゃべるよう甘言を子どもの時から訓練させる民族だということが、『唐会要』巻九十九で書かれています。『大唐西域記』には、「利殖を図る」と書いています。

ソグド人を管理するために、隋や唐では、薩宝府をもうけました。戸籍制度があるのですが、薩宝府が管理しました。ソグド語で「薩宝」は、キャラバンのリーダーです。「キャラバン」は日本語でいう「隊商」です。ソグド人の集落のリーダーも、薩宝といいました。多くのソグド人は、「本国で薩宝だった」と墓誌に書くのですが、嘘か本当かわかりません。ソグド語をさもわかるかのように言っておりますが、アジアでソグド語を読める人は、三人もいません。読む人が少ない文字であります。中国でソグド語の文字が出ましたら、神戸外大におられて、今年度から京大に移られた、吉田豊先生に届けて読んでもらいます。それ程読めない言語です。

ソグド人は、だいたいどのルートをたどって入ってきたのかというと、三つのルートが考えられます。

第一には天山山脈を越えて（玄芙三蔵のルート）タクラマカン砂漠、あるいはタクリマカン砂漠と呼ばれる大砂漠の北縁を東行し、トルファンに至ります。

第二にはパミール高原を越えて、タクラマカン砂漠の西北部に至り、トルファンを目指すルート。

第三には天山山脈の北を迂回して、唐の北庭を経てポゴタ山の鞍部を越えて、トルファンに一時みんな集まるようで、ここを中継地として、河西回廊を通って固原に行くのであります。固原から北回りで、内モンゴルへ入って北京に南下する人、また、直接東南に向かって長安に入る人、南下し、江南に向かう人。陸路が固原から扇のように広がっています。今のところソグド人が集住していることがわかっているのが、西安、洛陽、北京、太原、固原、青州、南京、揚州、広州、福州などです。このうち、広州、福州の人たちはどうも海からやってきたようで、これはソグド人ではなしに、ペルシャ人ではないかとも言われています。

―ソグド人の来た道

中国にやってきたソグド人の墓を見ると、ソグドっぽい生活をしていなかったことがわかります。ところが人骨を見ると、完全にコーカサイドの人骨であります。誤解をおそれずに言うと、白人種でありました。ソグド人は、正妻はソグド人と結婚していました。混血のソグド人はその社会からドロップアウトされていきました（『安禄山事跡』の記述からの推認）。ソグド人として認めてもらえなかった。正妻は必ずソグド人としたのでしょう。

安史の乱以後、今の南京市と長江をはさんでいる揚州という日本の遣唐使が必ず訪れていた町があります。『新唐書』によると、安史の乱以降、八万人のソグド人を虐殺したと書いてあります。安、石、康などがついている人は憎い。そういう人はソグド人であります。そうするとソグド人で目が青い人、鷲鼻の人が逃げまどいます。そうすると生き延びた人々は早く混血していく。中国人化、漢人化していく。意識的にそういうことを繰り返したのでしょう。安禄山もソグド人のハーフ、史思明は純粋のソグド人です。史思明の墓は、北京の郊外約四十キロのところで発掘されており、二〇〇六年に訪ねました。中国人のドライバーはもう探せないから帰ろうと言っていました。わずか四十キロのところなのですが、六時間くらい探して、ようやく発掘したという場所を探しました。史思明の墓は唐式の墓で、皇帝としての副葬品（玉冊）がありました。

唐が西国を支配していた時は、パミール高原、天山山脈を越えたところに砕葉城を築きました。それを現在のキルギスのアクベシムに確定したのも大きな仕事でした。キルギスの一番端に大きなイシククル湖があります。湖から少し西に下ったところが、いまのキルギスの中心地です。首都のビシュケクの東にトクマクがあり、その郊外にアクベシム遺跡があります。トクマクはスイアブともいわれています。一九九三年、シルクロード学研究所にいました私は、一人でタシケントに行き、東京の創価大学からの留学生である川崎健治さんを訪ねました。私はウズベキスタン語もロシア語も話せないし、中国語も英語も通じないし、難儀していたら彼が通訳をしてくれました。ある日、彼と二人でお酒を飲んでいたら、彼が私に、こんなものがあるのだと鉛筆で石碑をこすった紙切れを持ってきまして、ここに漢字が書いてあるから読むようにと言いました。ウズベキスタン人学生がキルギスへ旅行した時に、漢字を写してきたようです。漢字は楷書ですから読めたのですが、その意味が分からないので教えてくれといわれて見ると、上柱国というのがありまして、行を変えて「懐宝」という字がありました。「杜懐宝」の名は、シルクロード研究を漢文史料からするものは、誰でも知っている有名人です。王方翼と相前後して砕葉城の経営に当たった人でした。川崎さんとキルギスに行くことにしましたが、用務であるダルベルゲン・テペに行く日程が、ハムザ研究所で組まれていたので、留学生の中村さんと行きました。

翌年の五月に加藤久祚先生とともに、シルクロード学研究センターの課題研究である「中央アジア北部の仏教遺跡の研究」で、キルギスに行くことになりました。

タシケントから尿臭の著しい長距離バスに乗りましたが、座席も床も人がいっぱいで、厠所もなく、途中休憩はなく、約十時間走り続けました。パスポートコントロールもありませんでした。

到着して前に中村さんと行った博物館に行くと、石仏類はスラブ大学に移されていました。川崎さんからの情報で、極めて重要な資料であることが判ったからのようでした。拓本をとり、写真や略測もしました。資料は二つで、一つは石仏の基部で、銘文があるもの。他は一仏二菩薩の石仏で銘文がないものでした。銘文は次のとおりです。

□□□□西副都
□□□砕葉鎮壓
　十姓使上柱国
杜懐宝□□上為
天　　　下
　　　　　妣
見　　　使□
法界　　生晋
願平安護其
瞑福敬造一仏
二菩薩

文字は少し磨滅していて、さらに一仏二菩薩の部分は無くなっていました。

仏像の方は手の込んだもので、正面を三段に仕切り、上段に一仏二菩薩、中段に双獅子と香炉、下段に二人の供養人と二人の僧を彫り出しています。榜題用の短冊形部分は荒く削りとられていて文字が無くなっています。側面には天部像、背面にも円光背をもつ座像が浅く線刻されています。どちらも、初唐の雰囲気のもので砕葉城の初期に供養されたものでした。一仏二菩薩像は王方翼のものであった可能性もあります。

これによって砕葉城の位置はほぼ確定し、現地調査でさらなる遺物を見出しました。アクベシムの城内にブラナの塔があります。そのそばの文化財保存事務所という草原のなかの一軒家、バラック小屋のようなところに行きました。何かないかと尋ねると、事務所の女性がゴソゴソしてくれまして、展示ケースの下の方を指さしてくれました。懐中電灯を照らすと、幅一メートルくらいの大きな石がございまして、潜り込んでみると、中国の碑の頭の部分がありまして、「これはすごい。引っ張り出そう」ということになりました。しかしながら女性の学芸員、ドライバー、私、加藤先生と加藤先生の友達、これらの五人では、なにぶん非力で、石を引き出せない。ドライバーに言って、村に行って若い男の人を何人か探してきてもらいました。そして引っ張り出しますと、やはり典型的な唐代の石碑（たぶん四～五メートルくらい）の一番上の碑頭（螭首《ちしゅ》）の部分だけでした。碑額には一般には字が書いてあるのですが、これは素面で、残念でした。幅八十二センチ、高さ六十センチ、厚さ十五センチの堂々とした石碑の上部です。砕葉城は回教徒の東進によって放棄されま

キルギス・アクベシムの出土品とブラナの塔(左上)

天山をヘリコプターで調査(左端は後藤正さん)

した。そのときに石碑を切ってしまって、重しに使ったのか、一番上の龍の絡まっている部分だけを残したのです。ここは中国とソグドの交接点なのであります。この時は、学生とは一緒に行っていません。一九九九年にキッシュ(史国)まで行った時は一期生の中尾史さんら約二十人を同行しました。

また地図に戻ります。タクラマカン砂漠の北には天山山脈があり、さらに北にイシククル湖(大清池)があります。天山山脈は万年雪で覆われています。その水が溶けましてシルダリア川となりました。唐代に万年雪の天山山脈をどこで越えていたのかよくわからない。ともかく数千メートルというところを越えています。玄奘三蔵も越えています。

本当にここを越えたのかということを調査するために、濱崎一志先生と一緒に調査費を朝日新聞社に出してもらって、調査に二度行ってきました(団長は千田稔先生)。ヘリコプターまで借り上げました。日本で借りても高いですが、軍用ヘリコプターを借りました。有名な旧ソビエト製ミル型で日本では、オウム真理教がかつて持っていた機種であります。カラコルの飛行場から飛び立ちまして、七千メートルのところを三十分ほど旋回していましたら、みんな高山病にかかりました。私と高橋徹さん、カメラの後藤正さんだけはなんとか持ちこたえまして、他の人は、床に突っ伏していました。

パイロットが、そばに温泉があるから、そこで下ろしてあげるといってくれて、ヘリコプターで露天風呂へ行ってきました。四千五百メートルの高所です。万年雪でした。自動車で四千二十八メートルのところを越えたりして、高いところへも行きました。シルクロードは天山山脈を越えているらしい。越える道はどの道か探そうという試みでしたが、一本ではなくて何本もあるということがわかりました。

玄奘の天山山脈越えは、天山山脈の主峰であるハンテングリ（六千九百九十五メートル）の西のベデル峠説、マザールト・ヴウアン説などがありますが、決定的な資料はありません。これについては、朝日新聞社から刊行された『三蔵法師のシルクロード』に小文を書いています。

私のキルギス調査は六度ありましたが、そのすべてのアレンジをしてくれたのが、歴史とシルクロードを地元で研究していたカリディン・アクマタリエフさんで、そのお宅で仮眠をとらせてもらいましたが、一昨年お亡くなりになりました。残念です。

「タラスの戦争」のタラスは、ソ連時代はジャンプールと言われていて、一九九六年にタラスに戻されました。その激戦の地は、東から西へ流下してくる川が急に北に向かうあたりであるとカリディンさんが教えてくれました。この戦争の結果、製紙技術が西に伝わったとされています。唐の大敗をイスラム史料は伝えていますが、唐の人たちから見れば、引き分けか、どうも勝っていたらしいと思われていたようです。というのも、高仙芝がそれから出世をしていまして、負けた敗軍の将の扱いを受けてないからです。だから凱旋式なんかもやっています。『旧唐書』や『新唐書』の記述ではこうなります。古くからの常識的な知識も考えなおす必要がありそうです。唐は国際国家であったのです。

中国では唐代を中心に、ソグド人の墓が三百基前後確認されております。さきほど申しました人骨から確実にソグド人とわかっているものは、史道洛墓と安伽墓のみです。墓はすべて中国式の地下式墓で、墓誌は漢文です。ただしパフラヴィ語のみやバイリンガルのものが各一例あります。私が重視したのは人骨です。墓誌の情報以外で、確実にわかる情報を出すという方法論を世界で初めてやりました。それが成功したわけで、たった一体でもソグド人であることの確定はすばらしいことです。自画自賛してもよいと思います。鑑定をしてくださったのは韓康信先生です。私が史道洛の骨を鑑定してもらったのですが、最初は「こんなつぶれた唐代の骨はいらん」と言われました。「あんたと私の長年のつきあいやないの」と申しまして、調べていただくうちに、彼はずいぶんと乗り気になりまして、いまやソグド人の骨というと韓先生というくらいになっています。第二例も韓先生による安伽墓です。

最後にひとこと、ソグド人のうち一人は確実に日本に来ていました。それは安如寶という人であります。奈良時代に鑑真に伴われて日本に来ました。顔貌は青眼高鼻であったと考えております。従前はクオーター以上の雑胡と考えていました。安如寶は揚州という、八万人以上が虐殺されたという港町（実は大都市で江都ともいう）出身の人なのですが、私も安如寶の論文を書きました。たぶん長男であり、日本にきたのは商売をするために来たのだと思います。しかし帰国船がないので日本にいてお坊さんになり、平安時代の初期に日本では三番目に地位の高いお坊さんになりました。日本で弘仁六（八一五）年に亡くなり、墓は見つかっておりません。

結婚しておりませんからハーフもクオーターも作ってなかったのです。従前の本を読んでみると、安という名字がついているけれど、せいぜい混血だろうと考えられてきたのですが、私の考えではソグド人そのものです。奈良時代の終わりから平安時代のごく初めに、どこから見ましても、西アジア系の顔をした仏像がいくつかあります。これは今までは全部、儀軌あるいは絵巻物をもとに彫刻したといわれていたのですが、奈良県の当麻寺金堂の四天王像とかは、まだ安如寶が生きているときに作られていますので、安如寶の顔なんかも意識して立体感を出したらしいと思います。仏像を人類学の人が測定して欲しいものです。鼻梁なんかは、本や絵巻物などをみて作れるものなのか、みなさんも是非、当麻寺に行って見てください。

天山調査点描

―鑑真弟子胡国人安如寶と唐招提寺薬師像の埋銭について

1　鑑真の東征と随伴者

天平勝宝五年、唐の天宝十二年に、唐僧鑑真とその一行は遣唐副使大伴古麻呂の船に乗り、長江岸の揚州を発した。途中で方向を失い、阿児奈波嶋（現在の沖縄島）に漂着し、再度の船出ののち、薩摩国秋妻屋浦に至った。もしも海流と風向きが少しでも異なっていて、黒潮に乗ってしまっていたら、その一行は我土に到着することはなかったであろう。まさに幸運としか評せない。

その後は、きわめて順調で、十二月二〇日の来着から、二六日には大宰府に至っている。この行程も船を用いたのであろう。陸路では、この日数で大宰府への到着は難しい。翌年の二月一日には難波に至り、唐僧崇道らの出迎えをうけている。四日には平城入京を果たしている。

この間の事情は、『続日本紀』、『唐大和上東征伝』（以下、「東征伝」）に詳しい。両書に相異する部分も若干ある。(1)鑑真の東征と、その活動については、多くの研究が積み重ねられているので、(2)本小文も屋上屋を重ねる感もあるが、あえてソグド人の東遷の観点から駄文を重ねたい。

東征伝によると、鑑真の一行は次のように記されている。

相随弟子揚州白塔寺僧法進　泉州超功寺僧曇静　台州開元寺僧思託　揚州興雲

寺僧義静　衢州霊耀寺僧法載　竇州開元寺僧法成等一十四人　藤州通善寺尼智首等三人　揚州優婆塞潘仙童　胡国人安如寶　崑崙国人軍法力　膽波国人善聴都廿四人。

つまり以下のように分類することができる。

僧――法進、曇静、思託、義静、法載、法成、その他の僧八名。計十四名
尼――智首、その他の尼二名。計三名
その他――潘仙童、安如寶、軍法力、善聴、その他三名。計七名

ただし、鑑真の一行が僧尼合わせて十七名と、潘仙童など二十四名とみて、合計四十一名とみる見方もある(3)。私は、上引東征伝の「都廿四人」の「都」が、法進以下のすべてを合わせた数字を加算した総数であることを示す「都」であるとしたい。四十一名とすることが、下章でみるように都合のよい部分もあり、その実態は不明とするべきかもしれない。二十四名を本貫によって分類すると、以下のようになる。唐人が二十一名、胡国人、崑崙人、膽波人が各一名となる。たぶん、胡国人以下の三名は、顔貌が唐人や日本人と違っていたのであろう。胡国人は、ソグド人(索特人)、崑崙人は現在の北インドからパキスタンの居住者、膽波人は、チャンバ人(占波人)であり、現在の南ベトナム地域の居住者であったとみてよい。本小文では、この顔貌を異にした三名のうち、胡国人安如寶の顔貌等について述べるものである。

2 来日後の動静と記録

鑑真については、淡海真人元開が『東征伝』を著しているので、その動静はよく知られている。また、法進以下の僧らの動静も、記録されている。以下に煩をいとわず、抄出したい。

法　進――宝亀九年入滅。七十歳または八十九歳。大僧都。

曇　静――没年・僧階不明。唐招提寺に住したらしく、『招提千歳伝記』に金堂丈六盧舎那仏を造ったとある。

思　託――没年・僧階不明。延暦七年に『延暦僧録』を著す。唐招提寺に住したらしい。

義　静――没年不明。和上位を贈られる。義浄と同一か。義浄は僧坊を建てる。

法　載――没年・僧階不明。唐招提寺に住したらしい。『諸寺縁起集（護国寺本）』では僧房を建てる。

法　成――没年・僧階不明。

潘仙童――没年不明。

安如寶――弘仁五年（または六年）正月没。少僧都、伝燈大法師位。

軍法力――没年不明。

善　聴――没年不明。

以上が、『東征伝』に記名された僧俗二十四名の動静であるが、他にも鑑真随伴と伝える僧名が以下のように伝えられている。

懐　謙――『律宗瓊鑑華』に鑑真の弟子とある。在唐中に鑑真から授戒したらしい。

霊　曜――『律宗瓊鑑華』に鑑真の弟子とある。宝亀七年には大安寺可信・満位僧とある。

仁　幹――『律宗瓊鑑華』に鑑真の弟子とあり、東征伝にも記述がある。

仁　韓――天平勝宝六年に賜物を賜う。『律宗瓊鑑華』に鑑真の弟子とある。

法　顆――『律宗瓊鑑華』に鑑真の弟子とある。『東征伝』には、法顒として記述される。

智　威――『律宗瓊鑑華』に鑑真の弟子とある。

恵　雲――法進の弟子。鑑真一行中の一人。屋島寺を開基。

法　成――『東征伝』にみえる。

法　智――『東征伝』に僧法智とある（宝字三年）。勝宝七歳十二月一日に沙弥とある。

恵　達――『律宗瓊鑑華』に鑑真の弟子とある。

道　欽――『律宗瓊鑑華』に鑑真の弟子とある。

恵　良――『律宗瓊鑑華』に鑑真の弟子とある。

泰　信――少僧都（大同元年四月二三日）。のち大僧都となる。

恵　常――『律宗瓊鑑華』に鑑真の弟子とある。

恵　喜――『律宗瓊鑑華』に鑑真の弟子とある。

各種の史籍を博捜された先学が挙げている僧名は十五名にも達する。前記した「都廿四名」を優婆塞らのみの人員数と考える場合の傍証ともなっている。この問題は天平勝宝六年の鑑真随伴者の交名録が出現しないと解決しないが、わたしは次のように考えている。

鑑真らは、もともとは唐人のみで唐船によって渡海するつもりでいたことを、『東征伝』が伝えている。それは第五次の失敗ののち、法進らを福州に派遣して船、食料などを用意しようとしたが失敗したことからも判る。

この問題は別の角度から検討する必要がある。日本から渡唐した官人には傔従が認められていた。[4] 最澄、[5] 円仁、[6] 円珍[7]らも随伴者を従えており、俗人が同行して、いわゆる身辺の雑事を処理していた。

このように考えると鑑真にも「都廿四人」以外の傔従がいた可能性があったとみてよい。この事を示すのが天平宝字六年四月一七日に節刀を賜った中臣鷹主らの、いわゆる第十三次遣唐使である。その成員には大使、副使以外に中臣鷹主を「送唐人使」として任命していることである。[8] 結局、この回の遣唐使は渡海していない。この十三次と、鑑真が来着した天平勝宝五年十二月二〇日とは、十年の時間があり、その間に、渤海路経由の第十二次も派遣されているが、鑑真が出発した揚州には到着しないことが明らかであったので、唐に帰国するとしていた者たちも帰国できなかったのではないかと思う。送唐人使とあり、第十五回の「送唐客使（唐使趙典進）」とは、異なった書き方であることも、送唐人使が唐使以外の唐人を送還させる目的であったことを首肯させるものであろう。このようにして、鑑真に随伴してきた交名欠落者のうち、天平宝字六年以降に僧籍に入ったものが多くいたのが、上記した十二名にも及ぶ僧としてよい。さきに一覧した『東征伝』に仁幹とあり、仁韓と『続日本紀』が記す僧も、必ずしも同一の僧とは限らないであろう。[9] 本稿は、安如寶について記すので、この議論は、この辺で筆を止めておく。

3　安如寶と如寶

『東征伝』には、胡国人安如寶とある。姓の安は、北朝以来の昭武九姓にあり東遷して唐土に至ったソグド人を代表する姓である。後述するように安姓の分布は広い。胡国人で俗人であった安如寶が、いつ得度・授戒を受けたかは、明らかにできないが、「『日本後紀』巻廿四弘仁六年正月」に卒伝のある少僧都伝燈大法師位如寶とは同一人とみることに、異論はない。

『東大寺要録』巻五別当章七にある東大寺の戒和上次第には、法進大僧都を第一として、その第二に次のように記されている。[10]

如保（寶）和上　　**和尚資　薬師寺　宝亀五年任八十四**
神護景雲二年任少僧都

これによって、如寶（如保）が鑑真の弟子で薬師寺僧であったことを知る。宝亀五年に戒和上に任ぜられているのは、来日二十五年目にあたる。さきに鑑真随伴者の人数を検討したが、総数が二十四人であったとしたならば、到着時に氏名が録されていない人数は三名となる。なぜわずか六名の僧籍でないものから、その名が『東征伝』に記録されたのであろうか。優婆塞である潘仙童以外は、異国人で、善聴はその名からして僧形であった可能性が強い。ただし、唐の度牒を有していなかったのであろう。東大寺大仏開眼会には、林邑僧仏徹が重要な役割を果たしていた。その状況を仄聞したうえで、林邑と関係の深い占波人を帯同したとも考えられる。軍法力もまた崑崙人であった。大仏開眼会の開眼師を天皇の命願によって勤めている菩提僧正も、婆羅門僧であった。[11] その縁で特帯された可能性も捨てきれない。

安如寶の唐土における状況は、文献史料からは、知る手がかりがない。やや広く唐土に移遷してきたソグド人社会を見ることによって、安如寶個別の状況は知るよしもないが、もしも安如寶とその一族が在唐ソグド社会で一般的な生活を送っていたならば、鑑真の随伴者となって、我土に至った事由を知ることができる。

4 唐土におけるソグド人の生活

中国大陸へのソグド人の移遷は、南北朝から活発となる。隋唐はきわめて多くなり、中国大陸の各地に集住している。[12] 遺物からは、河西回廊の酒泉、張液。オルドスの原州（固原市）、内蒙古、幽州（北京）、長安、洛陽、益州（青州市）、揚州、福州、広州など唐の各地に及んでいる。

これらのソグド人は、集団で住んでいた。重要な点は、その結婚がおもにソグド人相互で行われていたことである。中国大陸出土の唐代墓誌からソグド人に関する墓誌百六十八例を収集された福島恵氏の一覧表をもとに、その結婚の実態を示すと、次のようになる。このうち、安姓で夫または妻の姓が判明するものは次のようになる（下段は妻の姓）。

安延	劉	（ソグド人・漢人）	洛陽出土※
安師	康	（ソグド人・ソグド人）	同右
安懐	史	（同右）	同右
安菩	何	（同右）	同右
安	呉	（ソグド人・漢人）	同右※

他の史、康、石、何などの姓で見ても、同様であり、ソグド人夫婦の比率はさらに高い。漢人の妻は多くの場合、継妻（※）であることが多い。右記の二組もそうである。

深目高鼻といわれる胡人、つまりソグド人は、その面貌を保ちながら、唐土に集住し、官吏となり、また商業に従った。[13] このことを証明したのが、私たちが茂木雅博氏などと実施した史道洛墓の調査である。四品官の史訶耽[14]の四弟にあたる史道洛は、その骨格からみて、[15] コーカソイドであることが確認された。[16] ソグド人墓地の人骨は、わたしたちの調査以前にはまったく注意されていなかったが、近年は固原市で失名氏の墓葬から、続々とコーカソイドの特徴をもつ人骨が出土している。ほぼ唐土全域での特色とみてよい。

この状況が一変するのは、安史之乱以降である。栄新江氏は、前引論文において、ソグド姓間の結婚の急減を指摘している。安如寶は、もちろん安史之乱以前の出生であり、渡海であったので、深目高鼻であった蓋然性はきわめて高い。

私は、積極的にソグド社会の一員であった安如寶を評価するべきであると思っている。さらに言えば、鑑真東征の支援者—壇越には、ソグド人社会があった可能性をみることができると思う。それは天宝二年十二月に出発し、難破した第二次の渡海のために用意された食物（備海海粮）に、多くの胡食があげられていることである。落脂紅緑米を除く多くは、麦粉によっており、なかでも乾胡餅二車は、まさに胡食であった。すでに指摘されているように、鑑真は多種多量の香を用意していた。日本到着の記録には、仏具、仏典の目録のみで、他の品物は記されていないが、小野勝年氏は、多くの帳外品があったことを想像されている。[17] 帳内品にも、西域記、天竺草履、天竺未知等雑書などを携えており、その西域あるいは天竺用品の入手の広範さにはおどろく。

現在まで伝えられている鑑真将来の唐招提寺国宝舎利容器のガラス壺も他に例がない大形、かつ色調をしており、揚州におけるガラス輸入と関連して考えるべきである。[18] ガラス壺を包んでいたと推定されているレース花網もしかりであろう。揚州における胡商といわれたソグド人は、陸路と海路から来着している。東南アジア原産の香木や紫檀などの良材もまた、揚州から日本にもたらせたのである。[19]

5 少僧都安如寶の唐招提寺造営

如寶は、東大寺要録には薬師寺僧とあるが、後年には唐招提寺に戻っていた。唐招提寺の住持の代数については、史料によって出入りがあるが、唐招提寺の住持になったことについては、共通しており、事実とされている。

いま、護国寺本『諸寺縁起集』によって如寶の造営をみると次のようになる。

金堂一于、薬師丈六、千手像、北中壁三間画、木梵天帝尺四王

経楼一基、鐘楼一基、鐘一口

と記されており、経楼一基には、割注が次のように付されている。「納仏舎利半合并仏莽像、経律論疏、一切宝物等。」さきに問題とした舎利が半合あるとする。『東征伝』では三千粒とあるのにあたる。この舎利は、いく度かの分頒があり、今は少なくなっているが、ガラス舎利壺に納められている。

醍醐寺本『諸寺縁起集』にも同じ記述がある。菅家本『諸寺縁起集』には、金堂は天平宝字三年八月三日に鑑真和尚建立とある。これらの諸寺縁起集に先行する『七大寺日記』『七大寺巡礼私記』には、如寶の金堂建立を記していないが、『七大寺日記』には金堂東宝蔵には、「鑑真和尚所伝持給之三千余粒佛舎利……金堂戌亥角、安置之、影左方、如寶大僧都絵像影アリ、右義静僧正絵様アリ、此二人鑑真和尚御弟子也」とあり、如寶は義静と並んで特別な位置にあったことを伝えている。[20] 金堂の造営年代をめぐっては、諸説があるが、わたしが指揮して金堂周辺を発掘調査した所見を

まとめた前園実知雄氏も、大同、延暦年間としている。わたしも同意見である(21)。

金堂の須弥壇上には、中央に盧舎那仏坐像が安置されている。東方に薬師如来立像、西方に千手観音菩薩立像、そのほか梵天・帝釈天立像、須彌壇四隅には四天王像が安置されている。巨像群は壮観である。彫刻の門外漢である私には、相互の関係や、その背後の哲学などは、論じることができない。

私は、薬師如来立像の左掌から一九七二年二月に発見された銅銭について論じるのが本稿の目的である。像は、像高三三六・六センチの立像で、偏袒右肩に大衣を右肩に掛ける。左手は掌を前方に向けて垂下し、中指をやや少し内側に曲げている。掌には手紋線と地紋線がある。親指のつけねから掌丘、つまり中指の延長線上のあたりから三枚の銅銭が出土している。背を上にした和同開珎、ついで表を上にした万年通宝が重ねて埋め込まれていた(22)。三枚の重ね方は、鋳造のもっとも新しい隆平永宝を内側に、順(和銅開珎と表面を合わせて)、隆平永宝、一番内側に表を上にした万年通宝が重ねて次鋳造の古いものを重ねている。これら三枚のいわゆる皇朝銭は、井上正氏の報告によると、像の木彫が完成し、掌にも厚く漆がほどこされたのち、直径約二・八〜二・六センチの円孔を、深さ〇・七〜一・一センチに木部に到達するまで彫り込んで、埋め込んだ上、再度、その上から乾漆をかぶせていると報告されている。また註22の二八頁の註3において、右手掌中央にも溝が不規則に乱れたところがあり、銅銭埋納があるのではないかと考えておられる。

このように、仏像の掌中に円孔を彫り銅銭を埋める例は、管見にして、他に例を知らない。

6　薬師如来立像左掌埋納銭の意義

一九七三年の埋納銭の発見は、同像の完成年代が隆平永宝の初鋳年である延暦十五（七九六）年に近いことを明確にした点で、美術史上に大きい基準を与えることになった。

別の史料から銅銭埋納を考察してみることにする。玄奘が弟子弁機をして著せた『大唐西域記』には、ソグド地域の景観、国情、風俗習慣などが、詳細に記述されている。『東征伝』に記述されている鑑真将来品十八品目に、『西域記』一本がある。これは『大唐西域記』のことである。[23] ソグド人の風俗習慣を概説した部分もある。さらに『唐会要』巻九十九の康国条には、

深目高鼻、多鬚髯、生子必比蜜食口中、以膠是手内、欲其成口嘗甘言、持銭加膠之粘物、習善商買手公銭争銭利、生子二十即送之他国（下略）

つまり子供が誕生すると、口に蜜を入れ、手に銭を掴ませるのだという。その解釈として、商客となるためには、口に甘言を、手中した利は失わないとしている。また、成人したならば、国（都市）を出て、他国に商客として行き、利をもち帰るとしている。この出国が多く東方に向けられたのが、南北朝から隋唐のころであった。隋朝では特に多かったので、「薩宝職」を設けて胡人による胡人の管理を行っている。[24]

ソグディアナに居住していたソグド人が移遷した中国において、その習慣を保っ

ていたことは、私自身も報告した寧夏固原市における史氏墓地の含口銭がよく示している。[25]その集落では、基本的な習慣は残されていたとみてよい。小児の通過儀礼である一歳誕生時の習慣も残されていた。

このことを揚州で過ごした少年期に見聞きしていた老齢、かつ生涯孤身の如寶が、晩年期に造立した薬師如来像の掌中に追憶のソグドの通過儀礼である掌中銭を再現するために、完成した掌中にわざわざ円孔を穿って、銅貨を埋没させたのであろう。もし右掌にも同様に埋没銭があったとしたら、その銭種は、興味深いものである可能性がある。

砂上の楼閣にちかい想像を重ねた本文は、鑑真に随伴した安如寶が、あるいは商客として東渡してきた可能性をも認めることになった。もしも、全くの空想を追記するならば、当麻寺金堂に安置されている巨大な四天王像のうち持国天・増長天・広目天像が、深目高鼻のきわめて迫真の胡人の面貌をしている。正倉院や古寺の伎楽面の胡人に比べても、それらが、儀軌に従って作製されているのとは違った迫真の胡人である。その推定されている製作年代から見て、[26]安如寳と同時期の工匠とみてよい。私は、そのように考えていることを記して、ソグド人墓地を共に調査した茂木雅博氏にこの小文を捧げることにしたい。

《註》

1　一例のみあげると、遣唐副使大伴古麻呂による鑑真の大宰府到着を報じる上奏の日付が、続紀では天平勝宝六年正月一六日とするが、『東征伝』では正月一二日とするなど。

2　安藤更生『鑒眞大和上傳之研究』平凡社　一九六〇年
小野勝年「慈覚大師の入唐巡礼―序説に代えて―」『入唐求法巡礼行記の研究』第一鈴木学術財団、一九六四年

3　東大寺教学部編『シルクロード往来人物辞典』昭和堂　二〇〇二年(一九八九年同朋舎出版本の増補版)

4　延喜式巻三十、大蔵省、蕃使の条に傔従の規定がある。小野勝年『入唐求法巡礼行記の研究』第一巻、一八一～一八五頁

5　『唐明州過書』に譯語僧義眞と行者丹福成、擔夫四人を随伴していたとある。

6　『開戊四年七月』の上表文によって、長い時を隔てたのちも、従僧惟正、僧惟暁、行者丁惟萬を伴なっていたことがわかる。

7　『温州牒』などによって、従者僧豊智、沙弥閑静、譯語丁満、経生的良、物忠宗、大全吉伯阿吉満ら七名を随伴していた。唐船によって渡海した成尋も、僧六名、俗人一名を伴なっていた。『参天台五台山記』

8　続日本紀宝字六年七月是月条

9　『東征伝』には、多くの僧名が記されているが、禅師として記すのは、鑑真の師僧である智満、大福光寺沙門道王、杭州義咸禅師のみであり、ともに大僧である。もし仁幹が随伴していたならば、上位に遇されてしかるべきで、天平勝宝六年三月に賜物があった時に仁韓は、思托らの半分にすぎない。このことは仁幹と仁韓が別人であったことを示しているとしてよいものとするべきであろう。

10　任八十四とあるのは、「任」字は宝亀五年につづき、戒和上に任ぜられた年月を示し、八十四は示寂の年齢を示すものであろう。但し、神護景雲二年任少僧都は、日本後紀巻

十三、桓武天皇大同元年四月廿三日に少僧都となったことを明示しており、誤りである。別の僧官に任じられたことを示している。

11　東大寺要録巻第二、供養章三に勅書が抄録されている。また光明子によるいわゆる東大寺献納目録に、はるかに来着したことに対する頌辞がある。

12　文献、墓誌などを見ても、その移動を示す用語は多い。内付などは、文献史料に多い。白鳥庫吉『西域史研究』下巻所載の「粟特国考」（岩波書店、一九四三年）参照。内付后のソグド人が集住していたことについては、論考が多いが、栄新江「北朝隋唐粟特集落的内部形態」『中古中国与外来文化』（三聯書店、二〇〇一年）に詳しい。

13　山東省益都県博物館・夏名菜「益都北斉石室墓線刻画像」（文物一九八五—一〇）は、石郭の石板に商客図などがあり、商業活動を活写している。未報告の残石を含めた解釈は、鄭岩『魏晋南北朝壁画墓研究』二三九～二四六頁　文物出版社　二〇〇二年

14　固原市で発掘調査された史訶耽は、四品官である游撃将軍を三十数年にわたってつとめ、八十六歳で卒している。皇帝から特に賜物五十段などを下賜されている。夫人は康氏、後要は南陽張夫人である。

15　韓康信「人骨」『唐史道洛墓』第五章二六四～二九五頁　勉誠出版社　一九九九年

16　碑康信氏の報告ができるまでの経緯は、菅谷が『トンボの眼』第四号（二〇〇六）に記している。ただし、編著者がタイトルを誤印刷していることを注意されたい。

17　小野勝年「鑑真とその弟子たち」『仏教芸術』五三号　一九七六年

18　中国社会科学院考古研究所・南京博物院・揚州市文物局（合同）揚州城考古隊「江蘇揚州市文化宮唐代建築基址発掘簡報」（『考古』一九九四—五）大量のガラス片が出土しており、波斯邸または胡商の邸址とみられている。ガラス片の分類などは未報告。ここからは唐銭に混じって、切断痕跡をもつ金の小片が三片出土していて秤量貨として用いられていたことがわかる。合わせて七十三グラムが出土している。

19　実際の資料はないが、新羅使がもたらした品目中に、紫壇などの工芸に用いる良材は見られない。

20 以上の引用は、藤田経世『校刊美術史料・寺院篇上巻』（中央公論美術出版　一九七二年）によった。ただし、異体字などは現行字におきかえた。
21 前園実知雄等編『唐招提寺防災工事調査報告書』二〇〇三年
22 奈良六大寺大観刊行会『奈良六大寺大観　唐招提寺二』二四頁　岩波書店　一九七二年
当時、奈良県文化財保存課に在職中のわたしも実見した。
23 『大唐西域記』以外に『西域記』（東征伝）、『大唐西域伝』（大唐内典録）などがある。
24 薩宝については、近年の研究成果は、註12の栄氏著書にまとめられている。
25 羅豊『固原南郊隋唐墓地』文物出版社　一九九六年、中日聯合原州考古隊編『唐史道洛墓—原州聯合考古隊発掘調査報告一—』勉誠出版　一九九九年
26 『当麻寺』（大和古寺大観第二巻）岩波書店　一九七八年

執筆者等プロフィール

森本公誠（もりもと・こうせい）

東大寺長老、イスラム学者

１９３４年兵庫県姫路市生まれ。15歳で東大寺に入寺。１９５７年、京都大学卒業。１９６１年エジプト・カイロ大学留学。１９６４年京都大学大学院文学研究科博士課程修了、博士（文学）。イスラム史家として長年にわたり同大学で研究、教育にあたる。２００４年～２００７年第218世東大寺別当・華厳宗管長。著書に『初期イスラム時代エジプト税制史の研究』（岩波書店、１９７５）、『東大寺のなりたち』（岩波新書、２０１８）、『聖武天皇 責めはわれ一人にあり』（講談社、２０１０）、『世界に開け華厳の花』（春秋社、２００６）、など多数。訳書にイブン・ハルドゥーン『歴史序説』（岩波文庫、４冊、２００１）、タヌーヒー『イスラム帝国夜話』２巻（岩波書店、２０１６～２０１７）などがある。

キヤーヌーシュ・レザーニヤー（REZANIA, Kianoosh）

ドイツ／ルール大学ボーフム教授

１９７２年生まれ。イラン・テヘラン出身。博士（イラン学）。テヘラン大学卒業後、ゲッティンゲン大学（ドイツ）で博士号を取得。専門は、古代イラン文化・言語学、ゾロアスター教祭式研究。ヨーロッパ主要６大学共同による『アヴェスター』

デジタル化プロジェクト、ハーバード大学他の「初期ゾロアスター教の思想空間」研究等に参加。『初期ゾロアスター教の世界観・文化・社会環境』他、著書・論文多数。

張小貴（ZHANG, Xiaogui）

中国／暨南大学教授

1978年生まれ。中国・広州出身。2000年北京師範大学卒業。中山大学文学修士取得（2003）、同博士号取得（2006）後、暨南大学准教授となり、2015年から現職。また、2010年から1年間、ロンドン大学東洋アフリカ研究学院客員研究員に就任。専門は、古代中国とイランとの関係。著書に『中古華化祆教考述』、『祆教史考論与述評』など。

青木　健（あおき・たけし）

静岡文化芸術大学文化・芸術研究センター教授。

1972（昭和47）年生まれ。東京大学文学部イスラム学科卒業後、同大学大学院人文社会系研究科アジア文化専攻博士課程修了、博士（文学）。『ゾロアスター教史』（刀水書房、2008）、『マニ教』（講談社選書メチエ、2010）、『古代オリエントの宗教』（講談社現代新書、2012）など著書多数。

森安孝夫（もりやす・たかお）

大阪大学名誉教授、東洋文庫監事兼客員研究員

１９４８（昭和23）年福井県坂井市三国町生まれ。東京大学文学部東洋史学科卒業、同大学院時代にフランス政府給費留学生としてパリに留学。１９８１年東京大学大学院博士課程単位修得退学後、金沢大学助教授、大阪大学教授、近畿大学特任教授を経て現職。博士（文学）。東洋史のうちの内陸アジア史、シルクロードの文化交流史、騎馬遊牧民の世界史的意義の研究など。『東西ウイグルと中央ユーラシア』（名古屋大学出版会、２０１５年）、『シルクロードと唐帝国』（講談社、２００７年）（同文庫版：講談社学術文庫、２０１６年）、『シルクロード世界史』（講談社選書メチエ）（講談社 ２０２０年）など論著多数。

吉田　豊（よしだ・ゆたか）

京都大学名誉教授、英国学士院客員会員、帝京大学文化財研究所客員教授

１９５４年石川県珠洲市生まれ。京都大学文学部（言語学専攻）を卒業後、同大学院で学び文学修士。ＩＢＵ国際仏教大学講師、神戸市外国語大学教授を経て２００６年から２０２０年まで京都大学大学院教授。専門はイラン語史、ソグド語文献学。代表的な著作には『コータン出土８-９世紀のコータン語世俗文書に関する覚え書き』神戸２００６、『中国江南マニ教絵画研究』京都２０１５（古川攝一と共編）、Three Manichaean Sogdian letters unearthed in Bäzäklik, Turfan, Kyoto 2019がある。

菅谷文則（すがや・ふみのり）
1942年奈良県に生まれる。1968年奈良県教育委員会技師。1995年滋賀県立大学文化学部教授。2007年同大学名誉教授。2009年奈良県立橿原考古学研究所所長就任。2019年6月逝去。主要編著『シルクロード大文明展』（3分冊・737頁）責任編集。『三蔵法師が行くシルクロード』（新日本出版社、2013）など多数。

中島敬介（なかじま・けいすけ）
奈良県立大学ユーラシア研究センター特任准教授、副センター長
主な著作に「『勅語玄義』に見る奇妙なナショナリズム」東洋大学 井上円了研究センター編『論集 井上円了』（2019）教育評論社、「地域経営の視点から見た『平城遷都一三〇〇年祭』」『都市問題研究』第60巻11号（2008）、「もう一つの観光資源論」『日本観光研究学会研究発表論文集No.29』（2014）、「井上円了の国家構想」『東洋大学井上円了研究センター年報 vol.26』（2018）、「南貞助論――日本の近代観光政策を発明した男」『日本観光研究学会研究発表論文集No.34』（2019）など。

奈良県立大学ユーラシア研究センター学術叢書シリーズ 2

vol. 4　ゾロアスター教とソグド人

2023年3月31日　初版第一刷発行

編　著　者：奈良県立大学ユーラシア研究センター
責任編集者：中島敬介（ユーラシア研究センター特任准教授・副センター長）

発　行　所：京阪奈情報教育出版株式会社
〒630-8325
奈良市西木辻町139番地の6
URL：http://narahon.com/　　Tel：0742-94-4567
印　　　刷：共同プリント株式会社

ISBN978-4-87806-831-7